ポーラ文化研究所コレクション

浮世絵にみる江戸美人のよそおい

はじめに

ポーラ文化研究所では、化粧、髪型、装身具などの調査・研究の一環として、江戸時代の化粧風俗を色々な角度で描いている浮世絵版画の収集も行ってまいりました。この度、コレクションしている浮世絵の中から江戸時代を中心に、当時の女性たちがどのような化粧や髪型、衣裳などを身に付けていたのか解説を加え、身分や職業などの違い、生活の様子なども、やさしく読み解いております。どのような女性たちが登場しているのか、化粧、髪型、衣裳といった女性美だけでなく、なにげなく描かれた周辺情報も貴重な資料になっています。最後まで、ごゆっくりご鑑賞ください。

ポーラ文化研究所コレクション

浮世絵にみる
江戸美人のよそおい

第1章　化粧の風俗

化粧の情景　18点

髪化粧の情景　8点

第2章　江戸のよそおい

遊女のよそおい　7点

江戸女のよそおい　5点

花嫁のよそおい

4点

第3章　江戸美人図鑑

江戸名所百人美女〈揃物〉三代歌川豊国　35点

第1章

化粧の風俗

江戸の化粧

浮世絵を見る楽しみの一つは、その絵に描かれている様々なことから、分かることが沢山あるということ、つまり、絵を読めることである。ここに登場する江戸時代の浮世絵美人たちが、どのような化粧をしていたのか、江戸時代後期を中心に、白粉《おしろい》、紅、お歯黒、洗顔、そして結髪《けっぱつ》風景もここで紹介している。どんな化粧品、化粧道具を使っていたのか、江戸の女たちの様子を覗《のぞ》いてみよう。

美艶仙女香《びえんせんじょこう》

溪斎英泉
文化12年～天保13年

美人と美艶仙女香《びえんせんじょこう》（白粉《おしろい》）

切り前髪に大きな潰《つぶ》し島田《しまだ》に結っているのは、若い芸者であろう。文化・文政頃に流行った笹色紅《ささいろべに》（紅花《べにばな》から作った紅を濃く塗ると、緑色になったもの）をしている。右手には、南天模様《なんてんもよう》の懐中鏡《かいちゅうかがみ》、左手には「志《し》きぶ」と書かれた刷毛《はけ》を使って白粉を延《の》ばしている。「志きぶ」は、『浪華百事談《なにわひゃくじだん》』によると、山城国《やましろのくに》の福岡式部《ふくおかしきぶ》という筆の老舗《しにせ》が浪華《なにわ》で質のよい白粉刷毛を作り、全国的に有名になった、とある。

また、右上のこま絵に描かれているのは白粉の美艶仙女香である。仙女香というのは、寛政頃活躍した歌舞伎の名女形だった瀬川菊之丞《せがわきくのじょう》の俳名「仙女」から名づけたもので、京橋南傳馬町《きょうばしみなみでんまちょう》三丁目の稲荷新道《いなりしんみち》にあった坂本氏《さかもとし》から発売されたもの。坂本氏と浮世絵の版元がタイアップしたのだろう。文政頃から天保にかけて流行した。浮世絵に美艶仙女香が描かれたものは、確認しただけでも40点はあった。こま絵の左には「美艶仙女香といふ　坂本氏のせいする白粉の名高きに美人をよせて　白粉に花の香《か》のある美人かな　東西庵南北《とうざいあんなんぼく》」と書かれている。ちなみに、東西庵南北というのは、通称を朝倉力蔵《あさくらりきぞう》といい、戯作者《げさくしゃ》であり木版彫師《もくはんほりし》で、浮世絵なども描いたという。今でいうマルチタレントであろう。

描かれている芸者は、菊の花の付いた簪《かんざし》を後ろの左右と、前髪のところにも挿《さ》している。着物には八重裏桜《やえうらざくら》の紋が描かれ、帯には唐鐶木瓜《からわもっこう》の模様が見えている。色の白いのが美人とされた時代である。そのためには、白粉を丹念《たんねん》に延ばし、色白に見せるのも、芸者にとっては仕事の一部である。洗練されて粋《いき》なさま、つまり婀娜《あだ》な姿である。

名筆浮世絵鑑
丹鳥斎
奥村文角政信筆
五渡亭
国貞画

名筆浮世絵鑑《めいひつうきよえかがみ》

五渡亭国貞
文政頃

眉《まゆ》を描く

手拭《てぬぐい》を肩に掛け、鏡台に肘《ひじ》をついているのは、若い遊女であろう。箱枕《はこまくら》や布団《ふとん》が見えている。寝起きの身支度をしているところであろう。結綿《ゆいわた》（島田髷《しまだまげ》の一種）に両天簪《りょうてんかんざし》と、束《たば》ねた元結《もとゆい》、大きな前髪くくりといった髪飾りは、若いということもあり、いかにも派手《はで》である。鏡に映る眉の形をじっと見る目は真剣で、眉ひとつで顔の印象が変わることもあり、左右のバランスも考えているところだろう。

肘の辺《あた》りにあるのは、眉墨《まゆずみ》で、江戸時代は油煙《ゆえん》、麦《むぎ》の黒穂《くろほ》、あさがら（アサの皮をはいだ茎）の黒焼《くろや》き、真菰《まこも》（イネ科の大形多年草。沼沢《しょうたく》に大群落をなして自生）なども使った。

鏡台をよく見ると、右に引出しが飛び出ている。これは、引出しが手前に出ると、邪魔《じゃま》になって顔が近づけないからである。また、鏡台の中には、丸めた元結のようなものがあり、脇には嗽茶碗《うがいちゃわん》と、ここでも何気《なにげ》なく白粉《おしろい》の美艶仙女香《びえんせんじょこう》が置いてある。

そして、着ている着物は竹に桜、馬も描かれ、中着《なかぎ》は鱗模様《うろこもよう》になっている。

後ろの掛け軸は江戸中期の浮世絵師、丹鳥斎奥村文角政信《たんちょうさいおくむらぶんかどまさのぶ》（１６８６～１７６４）が描いた遊女の絵で享保以後であろう。特徴のある反《そ》り返った髱《たぼ》の形や衣裳などの着付けで時代の違いがわかる。

六十番
應需
豊國画

小倉擬百人一首《おぐらぎひゃくにんいっしゅ》　六十番　小式部内侍《こしきぶのないし》

応需　歌川豊国

弘化４年

灯《あか》りと化粧

この「小倉擬百人一首」というのは、１００枚揃いの連作で、豊国、国芳、広重３人の合作となっている。上の部分に小倉百人一首の歌と絵詞《えことば》が書かれたもの。当時の三大画家というところが話題となったらしい。

ところで、百人一首といえば、１００人の歌人の和歌一首ずつを選集したもので、中でも、平安時代末期から鎌倉時代初期にかけて活躍した藤原定家《ふじわらていか》が京都・小倉山《おぐらやま》で選んだとされる私撰和歌集《しせんわかしゅう》を小倉百人一首といった。小倉百人一首に選ばれた１００名は、男性79名、女性が21名で、男性は天皇７名、親王１名、公卿《くぎょう》28名、下級貴族28名、僧侶《そうりょ》12名、詳細不明が３名。女性は天皇１名、内親王１名、女房17名、公卿の母が２名となっている。

この小式部内侍《こしきぶのないし》は、橘道貞《たちばなのみちさだ》の女《むすめ》。母は和泉式部《いずみしきぶ》である。一条天皇の中宮上東門院《ちゅうぐうじょうとうもんいん》に仕《つか》えた。母が丹後へ行った留守中に作った歌が、「大江山《おおえやま》いく野の道の遠ければまだふみも見ず天《あま》の橋立《はしだて》」である。ただ、小式部内侍の歌と、鏡台《きょうだい》の前で眉化粧をしている遊女らしき女との関係がはっきりしない。

この遊女、着ている竹模様の着物は部屋着《へやぎ》だろうか、後ろに洒落《しゃれ》た沢瀉模様《おもだかもよう》の着物が見えている。それとは別に、この絵の面白いところは、鏡箱の上についている蝋燭《ろうそく》であろう。当時の人も明るさを求めるのに、いろいろと工夫《くふう》しているのが分かる。この高さは、化粧するときには、顔が明るく照らされるうってつけの場所で、役者が使う鏡台などにも同じ様な仕掛けが見られる。ただ、歌川派《うたがわは》の紋章《もんしょう》にもなっている年玉印《としだまじるし》のついた黒の鏡箱と紅葉《もみじ》模様の鏡台の組み合わせがなにか不自然で、ようするに継子《ままこ》になっている。普通は、鏡箱と鏡台は揃《そろ》いになっているが、豊国が意図的《いとてき》に自分の印《しるし》を描いたとも考えられる。

化粧している様子より、蝋燭の効果が際立《きわだ》った一枚である。

香蝶楼国貞画

妓女春《ぎじょはる》のあした

香蝶楼国貞
文政頃

初春の化粧

この絵は、三枚続きの真中の一枚である。右の棚《たな》には福寿草《ふくじゅそう》、小判や繭玉《まゆだま》などが吊《つ》り下った餅花《もちばな》、梅の盆栽も見えている。妓楼《ぎろう》の中の正月風景だろう。所蔵はしていないが、調べたところ、三枚のうちの左には雪華模様《せっかもよう》の中着《なかぎ》を着た妓楼の女主《おんなあるじ》らしき人物が描かれ、右には鶴と亀模様の着物に着替えている芸者と思われる女性が描かれている。

そして、この真中の鏡台に向っている女性は、潰《つぶ》し島田《しまだ》に鼈甲《べっこう》のような長い笄《こうがい》と櫛《くし》、簪《かんざし》を挿《さ》している。顔を横に振っているのは、右の芸者と話でもしているところだろう。蝙蝠《こうもり》（中国では、百歳の寿を保つ長寿の動物として好み、蝙蝠の蝠は福と同音というところから吉祥模様《きっしょうもよう》として江戸時代後期から流行）が描かれた赤い着物には縞に鶴が描かれ、額縁仕立《がくぶちじたて》になっている。これから化粧に取り掛かるのか、鏡台の脇には白粉《おしろい》の美艶仙女香《びえんせんじょこう》が置いてあり、鏡台の上には、嗽茶碗《うがいちゃわん》、引出しの中には元結《もとゆい》なども見えている。化粧が済んだら仕事に出かけるであろう。

妓女《ぎじょ》といっても、遊女ではなく、芸者かもしれない。妓楼の元旦は休日で、２日から仕事初《しごとはじ》めである。妓女にとっても忙しい日々の始まりである。

白
浮世五色合
應需
国貞改二代
豊国画
佐野喜
楽亭西馬述

浮世五色合《うきよごしきあわせ》　白《しろ》

応需　国貞改二代歌川豊国
弘化４年

色白、白粉《おしろい》の白

この「浮世五色合　白」は五枚揃いになっている美人画の内の一枚である。残念ながら所蔵しているのはこの白だけで、ほかに赤、黄、黒、青がある。赤は、赤身の魚を料理する女。黄は、鼈甲《べっこう》の簪《かんざし》を手に持った年増《としま》の女。黒は子供と一緒に習字《しゅうじ》をする女。青は、笹《ささ》の枝に紙で作った鳥を吊《つ》るす若い娘が描かれている。この白では、戯作者《げさくしゃ》の楽亭西馬《らくていさいば》（江戸時代後期の戯作者。江戸の版元西宮新六の息子で式亭三馬《しきていさんば》の弟子）が、白米《はくまい》、白酒《しろざけ》、色白《いろじろ》、白菊《しらぎく》、白粉など、さまざまな白について述べている。とくに白粉の白は、美人を描く題材としてよかったことと、襟足《えりあし》の具合《ぐあい》を合《あわ》せ鏡《かがみ》で見ている構図《こうず》が好きだったのか、五渡亭国貞《ごとていくにさだ》時代（１８０７～１８２７）の「今風化粧鏡《いまふうけしょうかがみ》」や「当世美人合《とうせいびじんあわせ》　身じまい芸者」など、何点も同じような構図で描いている。

この白、画面いっぱいにすき間なく描かれているのは、潰し島田に赤い手絡《てがら》、若い芸者といったところだろう。波に鷺《さぎ》、麻の葉と桜が描かれた襦袢《じゅばん》に、渋めの着物。帯はいろいろな模様を合わせた図柄になっている。

ところで、江戸時代の白粉といえば、鉛《なまり》から作られたものが多く、色は白一色《しろいっしょく》だった。白粉は水で溶いて刷毛《はけ》や手で、顔や首、襟足《えりあし》や胸の辺りまで塗ったが、見えない襟足は気になったのだろう、丹念に確認している。楽亭西馬の文章には、「色の白いは七難《しちなん》…襟を直すは薄化粧《うすげしょう》白粉少し…」などと、化粧関連の言葉が書かれている。ようするに、色白で薄化粧が美人である、ということがいいたかったのだろう。念を押している。

山海愛度図会
相州 鰹魚釣
一勇斎国芳画
彫庄治

山海目出多以図会《さんかいめでたいずえ》

くせが直したい　相州鰹魚釣《そうしゅうかつおつり》

一勇斎国芳
嘉永5年

襟白粉《えりおしろい》ぱっちり

こま絵にある相州鰹魚釣《そうしゅうかつおつり》の相州《そうしゅう》とは、相模国《さがみのくに》（神奈川県の大部分）のことで、『和漢三才図会《わかんさんさいずえ》』や『毛吹草《けふきぐさ》』などにも、諸国の物産として「相模国の鰹魚《かつお》」が挙《あ》げられている。鰹は日本では太平洋側に多く、黒潮に沿って春に北上し、秋に南下するという季節的な回遊魚《かいゆうぎょ》である。江戸時代の人々は、夏の到来を告げるその年初めての鰹の水揚《みずあ》げを初鰹と呼び、珍重した。相州の鰹は、鎌倉や小田原辺《おだわらあた》りから馬や船で江戸に送られたらしく、よく知られていたのだろう。国芳は別の浮世絵（山海名産盡《さんかいめいさんづくし》　相模《さがみ》ノ堅魚《かつお》）にも描いている。

さて、国芳が描いた合《あわ》せ鏡《かがみ》を見ている若い娘は、胸がはだけているところを見ると、襟白粉の付き具合でも見ているのだろう。左下に「御えりおしろ□　はつち□傳馬町一丁目津多《つた》や吉也《きちや》」と書かれた白粉包みが描かれている。「はつち」とあるのは、襟専用の「ぱっちり白粉《おしろい》」のことだろう。また、文政7年に出された『江戸買物独案内《えどかいものひとりあんない》』には、傳馬町津多《でんまちょうつた》やという店は載っていない。老舗《しにせ》というわけでもなかったのか。

髪型は大きな潰《つぶ》し島田《しまだ》で赤い手絡《てがら》が髷《まげ》に巻いてある。若い娘の証拠に短く切った前髪が左右に跳《は》ねている。着物は白地に蝶が描かれ帯は献上博多《けんじょうはかた》。なんとなく初夏《しょか》を感じる衣裳である。白く塗られた襟白粉の様子と、題箋《だいせん》にある「くせが直したい」との関係ははっきりしないが、若い娘が鏡に向かってつぶやいた一言かもしれない。どんな癖《くせ》なのか、聞きたい気もする。

當世
薄化粧
百眼元祖可上
五渡亭
國貞画

当世薄化粧《とうせいうすげしょう》

五渡亭国貞
文政頃

流行の薄化粧《うすげしょう》

題箋《だいせん》が「当世《とうせい》」となっているが「時世」となっているものもある。時世を「いまよう」とか「とうせい」とよんだのかもしれない。歌川派の年玉印《としたまじるし》の中に当世とか、時世と書いてある。描いたのは女形《おやま》、芸者、子守、妾《めかけ》、蔭間《かげま》などの風俗らしいが、これは芸者でもなく、遊女であろうか。後ろには吉祥模様《きっしょうもよう》の蝙蝠《こうもり》が描かれた手拭《てぬぐい》と枕屏風《まくらびょうぶ》が見えている。

当世薄化粧というのは、江戸時代後期の化粧の流行をいっているのか。一般的には、京坂《けいはん》に比べると江戸の方は薄化粧をよしとしていた。それは式亭三馬《しきていさんば》の『浮世風呂』（1809～1813）にも「あまりべたべたと化粧したのも、助兵衛《すけべえ》らしくしつっこくて見ッともないよ。諸事婀娜《しょじあだ》とか云て薄化粧がさっぱりして能《いい》はな」とあり、この時、江戸でも濃化粧をしているものがいたのであろうが、薄化粧の方がいい、としているのである。

鶯替《うそか》えの鶯鳥《うそどり》が描かれた着物の前がはだけ、帯も解《ほど》けそうな様子である。髪は天神髷《てんじんまげ》で右手に鏡箱を持ち、化粧の様子や、髪のほつれを気にしているところであろう。口に懐紙《かいし》を銜《くわ》えている。転がった箱は、煙草盆《たばこぼん》であろう。左には火入《ひい》れと灰落《はいお》としがある。

浮世絵だと、濃化粧が薄化粧か分からないところが難点である。

当世道行《とうせいみちゆき》ふり　三《さん》かつ半七《はんしち》

五渡亭国貞
文化8年頃～天保末頃

心中物と化粧図

国貞が五渡亭《ごとてい》と号した時代のもので、心中物《しんじゅうもの》の狂言《きょうげん》を題材にした揃物《そろいもの》の一つである。元禄8年（1695）、三勝《さんかつ》（大坂島の内の垢擦《あかす》り女美濃屋《みのや》三勝）と半七（大和国《やまとのくに》五条新町の赤根屋《あかねや》半七）が千日寺《せんにちでら》の墓地で心中したことをとりあげ、この絵では、剃刀《かみそり》で顔を剃《そ》っている芸者らしき女をあてはめている。

松葉に蝶が描かれた浴衣《ゆかた》を着て立膝《たてひざ》をし、髪は天神髷《てんじんまげ》。白粉《おしろい》のつきが良くなるのか、剃刀で顔を剃っている。鏡台《きょうだい》の上には剃刀箱《かみそりばこ》、簪《かんざし》、水の入った茶碗と横櫛《よこぐし》。箱の中には紅のついた房楊枝《ふさようじ》と歯磨粉《はみがきこ》の箱であろう、無造作《むぞうさ》に置いてある。少し開いている引出しには毛筋《けすじ》たてや解《と》き櫛《くし》が見えている。

江戸時代の鏡台の引出しは手前に引き出すのではなく、多くは右に出すようになっている。それは、鏡に顔がより近づけられるようになっているからである。そして鏡台の脇の箱は丈長《たけなが》や笄《こうがい》、簪などを入れたのであろう。嗽茶碗《うがいちゃわん》もある。また、反対側の鏡箱の上には、白粉の美艶仙女香《びえんせんじょこう》がなにげなく置いてある。

心中物という題材にしては、化粧図というのもピンとこないが、手に持っている剃刀が、なにか生々《なまなま》しい。

こま絵に描かれているのは芝居小屋の屋根であろう。この「三かつ半七」が浄瑠璃《じょうるり》や歌舞伎の題材にもなったことが関係しているのだろうか。

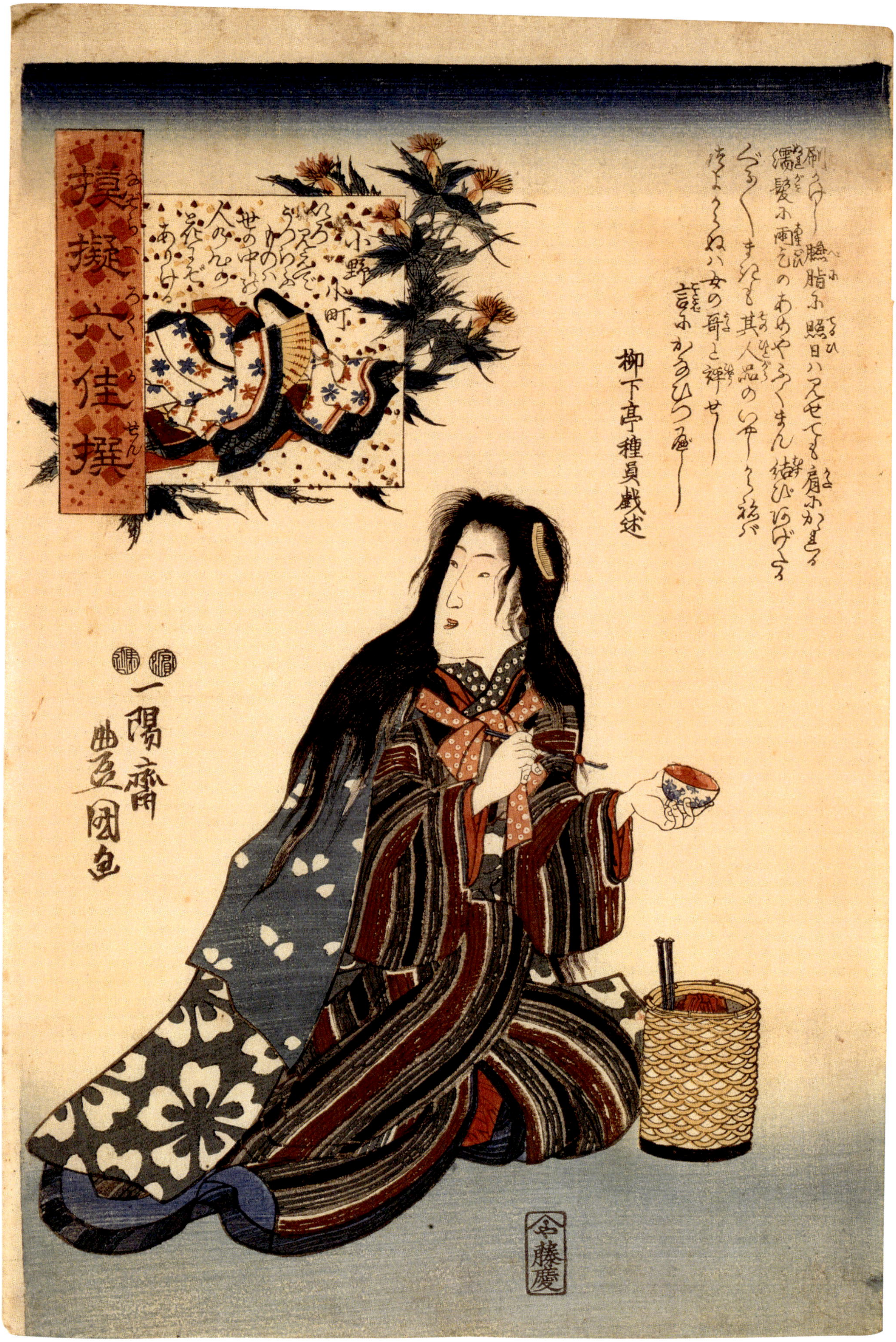
摸擬六佳撰
小野小町
柳下亭種員戯述
一陽斎豊国画
藤慶

模擬六佳撰《なぞらへろくかせん》

一陽斎豊国
嘉永元年

口紅と小野小町《おののこまち》

肩に桜の花びら模様の前垂《まえだ》れを掛けた洗い髪の女は、遊女であろうか。右手に珊瑚《さんご》の玉簪《たまかんざし》、左手には内側に紅《べに》粉が塗られた猪口《ちょこ》を持っている。

左のこま絵には、紅花《べにばな》が描かれ、小野小町と『古今和歌集《こきんわかしゅう》』にある小町の歌「いろ見えてうつろふものハ世の中の人の心の花にぞありける」が書かれている。また、右には、柳亭種彦《りゅうていたねひこ》の門人である柳下亭種員《りゅうかていたねかず》が、小野小町にまつわる七つの逸話《いつわ》の一つ「雨乞《あまご》い小町」と紅について書いている。内容としては、小町が雨乞いの歌をよみ大雨を降らせた話に、美人の代名詞であった小野小町にあやかった江戸時代の「小町紅《べに》」をかけたもの。「刷《はき》かけし臙脂《べに》に照日《てるひ》ハ見せても肩にかかれる濡髪《ぬれがみ》に雨乞のあめやふくまん結びあげたるぐるぐるまきも其人品《そのひとがら》のいやしからねバつよからねハ女の歌と評せし言にかなひつべし」となっている。

江戸時代の紅は、主として紅花から作られていた。その紅が紅猪口《べにちょこ》にまっ赤に塗られている。一般的に紅猪口には蓋《ふた》がなく、そのままにしておくと、いずれ色褪《いろあ》せてしまうので、普段は伏せて置いた。当時の紅は、紅一匁金一匁《べにいちもんめきんいちもんめ》といわれたほど大変高価であった。それは、紅花からの抽出量《ちゅうしゅつりょう》が大変少なかったからである。特に有名だったのは「小町紅」で、美人の小町を連想させたのであろう。紅をつける時は、唇いっぱいに付けず、小さく描いた。大事に使ったのである。化粧の色使いが少ない時代の中、紅は女らしさ、華やかさ演出する大事な化粧であった。

浮世
四十八手
夜《よ》をふかして朝《あさ》寝《ね》の手
渓斎英泉画

浮世四十八手《うきよしじゅうはって》　夜をふかして朝寝《あさね》の手《て》

溪斎英泉

文政４〜５年頃

歯磨《はみが》きと笹色紅《ささいろべに》

タイトルの夜をふかして朝寝《あさね》の手、というのは朝寝坊のこと。その朝寝坊をしたのは、左の女である。弁慶格子《べんけいごうし》の着物に手拭《てぬぐい》を肩に巻いて、身支度《みじたく》もこれからというところであろう。長い房楊枝《ふさようじ》に紅入《べにい》り歯磨粉《はみがきこ》をつけ歯を磨《みが》くところ。髪型は達磨返《だるまがえ》しという、上品ではないが、年増《としま》や粋筋《いきすじ》の女も結う髪型である。

また、右の朝顔の鉢《はち》を持った潰《つぶ》し島田《しまだ》の若い女は、すでに着替えも化粧も済んでてきぱき働いている。特徴のあるのは、下唇がグリーン色になっているところであろう。文化、文政頃大流行した笹色紅をしている。

江戸時代の紅は主に紅花《べにばな》から作られていたが、抽出量が少なかったため、大変高価で、紅一匁金一匁《べにいちもんめきんいちもんめ》と呼ばれるほどであった。この高価な紅を沢山塗るとグリーン色に発色したところから、笹色紅と呼ばれたのである。この流行は、遊女が高価な紅を沢山使っているという見栄《みえ》から始まったともいわれ、溪斎英泉《けいさいえいせん》や歌川国貞などが好んで描いている。

縞に紅葉《もみじ》の模様が描かれた着物に赤い裏襟《うらえり》が見えている。朝顔がまだ咲いているので、午前中ということが分かる。

ちなみに、四十八手《しじゅうはって》とは、それぞれの分野のさまざまな手段や方法、という意味である。

時世粧菊揃
一勇齋國芳画
版元 伊勢市

時世粧菊揃《いまやうきくそろひ》　あさからよいことをきく

一勇斎国芳
弘化４年

手拭《てぬぐい》と糠袋《ぬかぶくろ》

紅い糠袋のついた算盤絞《そろばんしぼ》りの手拭で手を拭いているのは、遊女であろうか。足元に房楊枝《ふさようじ》と嗽茶碗《うがいちゃわん》、歯磨粉《はみがきこ》と房楊枝を入れる箱が見えている。朝の様子であろう。

国芳が描いたこの「時世粧菊揃」は、調べて分かっているもので、16枚（おかん〈お燗〉をきく、しらせ〈知らせ〉をきく、ねかひ〈願い〉をきく、左りがきく、ちうもん〈注文〉をきく、みち〈道〉をきく、こどもがあるかときく、きつときく、似合かときく、やうす〈様子〉をきく、きてん〈機転〉がきく、あさ〈朝〉からよいことをきく、つじうら〈辻占〉きく）などがある。

渋い縦縞《たてじま》の着物に、絞りの花車のような模様と、赤い万字繋《まんじつな》ぎと菊が描かれた帯を締めている。寝起《ねお》きのこともあり、髪型は乱れているが、島田髷《しまだまげ》である。お歯黒《はぐろ》もしていないので、まだ若いのであろう。表情がどこか嬉《うれ》しそうで口元が緩《ゆる》んでいる。

左上に書かれているのは「よきこいを告る鳥（烏か）に御朝日の紅粉入《べにいり》にほふ箱のはみがき　宝珠亭舟唄」とある。宝珠亭というのは狂歌師かもしれない。国芳の別の浮世絵にも歌を寄せている。また、この絵の着物の襟《えり》にもなにげなく「宝」という字を入れている。国芳が色々描いた女性たちの中でも、このシリーズは顔の表情が豊かで大変面白い。英泉や国貞にはない特色である。

小倉擬百人一首《おぐらぎひゃくにんいっしゅ》　四十八番　恵慶法師《えぎょうほうし》

香蝶楼豊国
弘化４年頃

盥《たらい》で洗顔《せんがん》

この「小倉擬百人一首《おぐらぎひゃくにんいっしゅ》」というのは、１００枚揃いの連作で、豊国、国芳、広重３人の合作となっている。上の部分に小倉百人一首の歌と絵詞《えことば》が書かれたもの。当時の三大画家というところが話題となったらしい。ポーラ文化研究所では、今のところこの恵慶法師《えぎょうほうし》と六十番の小式部内侍《こしきぶのないし》の二枚を所蔵している。歌と絵との関わりはあまりなく、美人の化粧姿を描いたというところであろう。

恵慶法師は平安時代中期の僧侶《そうりょ》で、『中古歌仙三十六人伝』や『拾遺和歌集《しゅういわかしゅう》』に選出されるほど評価の高い歌人で、こま絵の歌は「八重《やえ》むぐら茂《しげ》れる宿《やど》の寂《さび》しきに人こそ見えね秋は来にけり」となっている。幾重《いくえ》にも葎《むぐら》（荒地や野原に繁る雑草の一種）が生い茂った寂しい宿に、人の姿は見えないが秋はやってくる、という意味で、しきりに寂しい、寂しいと解説している。

大きな盥に水をはり、手拭《てぬぐい》を絞っている。縁《ふち》に掛けてあるのは糠袋《ぬかぶくろ》であろう。顔を洗ったところか。後ろには、黒の鏡台《きょうだい》が見えている。これから組み立てて使うのだろう。縞《しま》の着物に髪は潰《つぶ》し島田《しまだ》である。

１００枚揃いの連作という、この「小倉擬百人一首」全部揃いで見てみたい。どんな美人たちがいるか、確認したいのである。

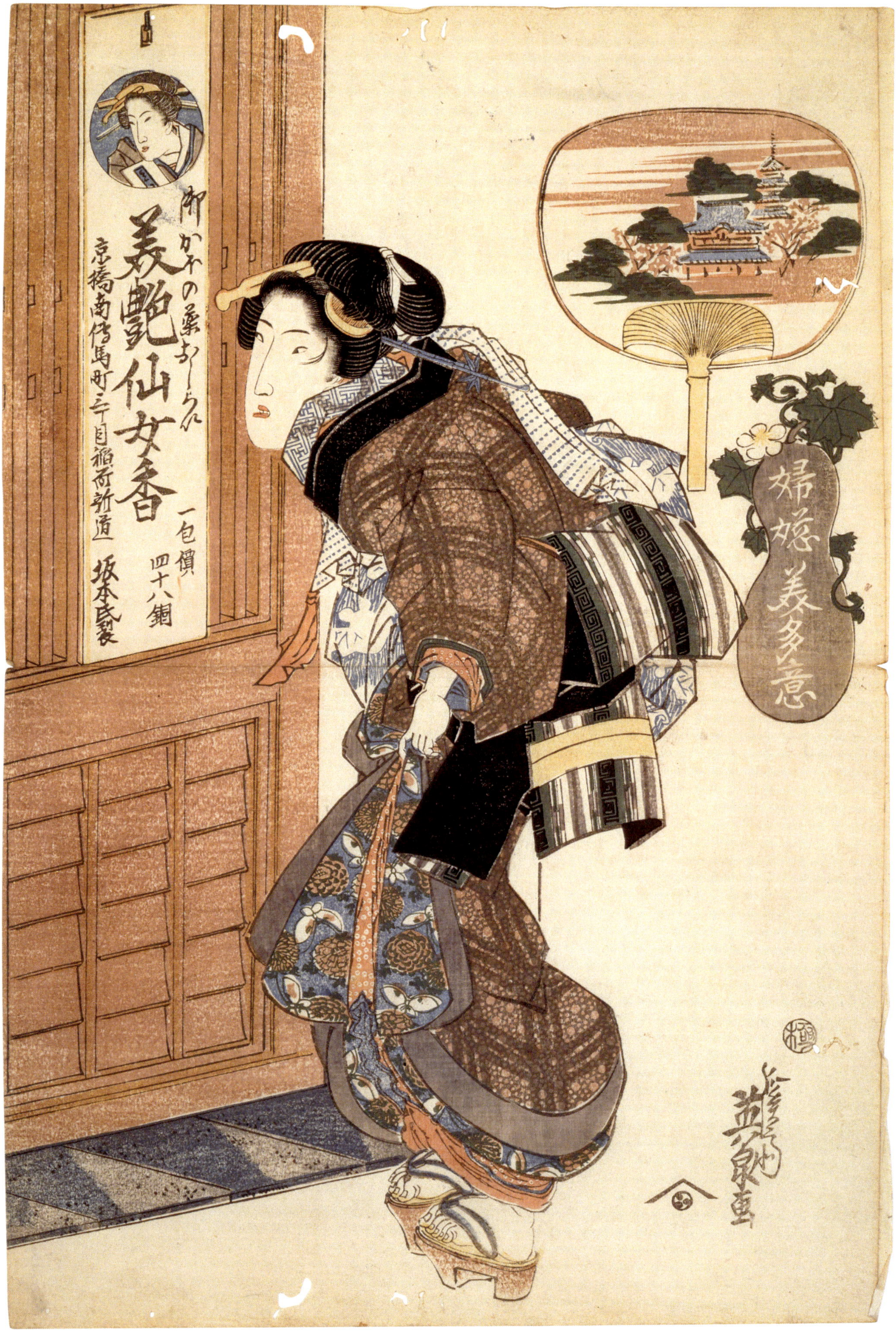

御かほの薬おしろい
美艶仙女香
一包價 四十八銅
京橋南傳馬町三丁目稲荷新道 坂本氏製
婦嬉美多意
渓斎英泉画

婦《ふ》嬬《じ》美《び》多《た》意《い》

溪斎英泉
文政頃

美人の代名詞

赤い糠袋《ぬかぶくろ》のついた算盤絞《そろばんしぼ》りの手拭《てぬぐい》を肩に掛け、美艶仙女香《びえんせんじょこう》と書かれた看板をじっと見ているのは、粋筋《いきすじ》の女性であろうか。これから湯屋《ゆや》に行くところであろう。浴衣《ゆかた》を脇に抱えている。潰《つぶ》し島田《しまだ》に笹のついた竹節《たけふし》の簪《かんざし》が挿《さ》してある。

美艶仙女香は、看板にあるように、江戸京橋南傳馬町《えどきょうばしみなみでんまちょう》三丁目稲荷新道坂本氏《いなりしんみちさかもとし》が発売していた白粉《おしろい》である。この白粉は、溪斎英泉《けいさいえいせん》の「美艶仙女香」でも解説しているが、寛政頃活躍した歌舞伎の名女形だった瀬川菊之丞《せがわきくのじょう》の俳名《はいめい》「仙女《せんじょ》」から名づけたものである。また、ポーラ文化研究所で所蔵している白粉包み帖の美艶仙女香の能書《のうが》きには「御かほの妙薬《みょうやく》おしろい美艶仙女香」と書かれている。ただの白粉ではなく、色を白くし、きめを細かにし、はたけ、そばかす、にきび、あせもなどに薬効《やっこう》もあるとしたところが、女性たちに人気があったのかもしれない。

瓢箪《ひょうたん》に書かれた「婦嬬美多意（富士額）」は、白粉化粧の中でも、美人の代名詞ともいえるもので、額《ひたい》の生際《はえぎわ》の美しさを褒《ほ》めた言葉である。

菊と蝶が描かれた中着《なかぎ》に霰小紋《あられこもん》のような模様と格子縞《こうしじま》が組み合わさった着物。帯は電光模様《でんこうもよう》の入った縞《しま》の昼夜帯《ちゅうやおび》になっている。また、抱えている浴衣には、吉祥模様《きっしょうもよう》の蝙蝠《こうもり》が白抜きに描かれ、下駄《げた》は堂島下駄《どうじまげた》（大坂堂島の米仲買が用いた、表付きの駒下駄の一種）になっている。当時（文政頃）流行のファッションかもしれない。団扇仕立《うちわじたて》てになっているこま絵は、浅草の浅草寺《せんそうじ》と五重搭《ごじゅうのとう》であろう。

火の用心

君《きみ》たち集《あつま》り粧《よそお》ひの図

歌川豊国
安政4年

お歯黒《はぐろ》から爪《つめ》切りまで

吉原遊廓の朝の風景であろう。右手に鋏《はさみ》を持ち足の爪を切っている遊女。口にくわえているのは、赤い糠袋《ぬかぶくろ》のついた手拭《てぬぐい》である。側《そば》で熨斗模様《のしもよう》の着物を着て、長い煙管《きせる》を女髪結《おんなみゆい》に手渡《てわた》しているのは、遊廓《ゆうかく》の中で働く遊女の見習いで、禿《かむろ》といわれる少女である。

女髪結は丸髷に眉無《まゆな》し、お歯黒もしている。腰の前垂《まえだ》れには元結《もとゆい》を挟《はさ》み込んでいる。遊女の髪を結い上げる途中、一服《いっぷく》といったところ。手馴《てな》れているのだろう。髪を結い上げてもらっている遊女は、もう一人の禿の髪を結っている。

その隣の鏡台に肘《ひじ》をついている遊女は、切《き》り前髪《まえがみ》に島田髷《しまだまげ》。お歯黒をしている。高位の遊女かもしれない。右手に楊枝《ようじ》、左手には湯呑《ゆのみ》のようなものを持っている。

そして、櫛《くし》を横に挿《さ》して舌を出し、房楊枝《ふさようじ》で舌こきをしているのも遊女である。耳盥《みみだらい》、嗽茶碗《うがいちゃわん》といったお歯黒道具が見えている。これからお歯黒をするところか。

吉原の遊女のお歯黒は、高位の遊女に限られていた。一晩だけではあるが、客への貞節のしるしとして行ったのである。使った道具は一般と同じであったが、臭《くさ》かったお歯黒水《はぐろみず》は自分で作らず、行商人《ぎょうしょうにん》から買ったらしい。享和2年（1802）の『絵本時世粧《えほんいまようすがた》』にも、遊廓の前で「おはぐろ」と書かれた壷《つぼ》を持った女商人《おんなしょうにん》が描かれている。

そして、女ばかりの中、一人浴衣《ゆかた》を羽織《はお》った男性が見えている。特徴のある髪型（海老茶筅髷《えびちゃせんまげ》）と着ている浴衣が葵《あおい》に源氏車模様《げんじぐるまもよう》になっている。よく見ると、女髪結の左の鏡掛《かがみかけ》に掛《か》かっている手拭も源氏香図《げんじこうず》である。たぶん、柳亭種彦《りゅうていたねひこ》作、『偐紫田舎源氏《にせむらさきいなかげんじ》』（未完の長編合巻。挿絵は歌川国貞。文政12年～天保13年刊）の主人公、足利光氏《あしかがみつうじ》であろう。

遊女たちの身支度《みじたく》の様子で、忙しそうな雰囲気《ふんいき》はあるが、どこかリラックスした様子も窺《うかが》える。束《つか》の間《ま》の自由な時間かもしれない。

君《きみ》たち集《あつま》り粧《よそお》ひの図

火の用心

七小町吾妻風俗
さうしあらひ

七小町吾妻風俗《ななこまちあづまふうぞく》　さうしあらい

梅蝶楼国貞
安政4年

洗《あら》うということ

梅蝶楼国貞《ばいちょうろうくにさだ》は文政6年（1823）生まれ。3代目国政時代は、梅堂と号し、弘化3年（1846）、2代目国貞を継ぐときに梅蝶楼と号した。この絵は、小野小町《おののこまち》の7つの逸話から「草紙洗小町《そうしあらいこまち》」の洗うということと、遊廓《ゆうかく》の朝の身支度《みじたく》で顔を洗ったり、歯を磨《みが》いたりする様子を掛けている。

右の遊女は、お歯黒《はぐろ》をして潰《つぶ》し島田《しまだ》、段代《だんが》わりの松皮菱模様《まつかわびしもよう》の着物であろうか。花菱《はなびし》と麻《あさ》の葉模様《はもよう》の昼夜帯《ちゅうやおび》を締めている。手に持っているのは国吉《くによし》と書かれた手拭《てぬぐい》で、顔を押さえている。側にいる小娘が抱えているのは浴衣《ゆかた》と手拭で、風呂場なのか、弁慶縞《べんけいじま》の暖簾《のれん》から出てきたところかもしれない。

真ん中の遊女は、口に糠袋《ぬかぶくろ》をくわえ、金盥《かなだらい》で手拭を洗っている。着ているのは浴衣であろう、歌川国貞と名前が書かれている。

左の遊女は天神髷《てんじんまげ》に紫の格子縞《こうしじま》の中着《なかぎ》であろうか、紅入《べにい》り歯磨粉《はみがきこ》と房楊枝《ふさようじ》で歯を磨くところ。よく見ると房楊枝の先が赤くなっている。房楊枝は柳の枝《えだ》を箸《はし》のように切り、その先を叩《たた》いて房のようにしたもの。また、紅入り歯磨粉は原料の房州砂《ぼうしゅうすな》に竜脳《りゅうのう》や丁子《ちょうじ》、白檀《びゃくだん》などの香料で香りづけをしたものに、紅を加えたものだろう。一般にもよく使われていた。

慌《あわ》ただしい朝の風景であろうが、身ぎれいにしている様子が窺《うかが》える。

七小町吾妻風俗《ななこまちあづまふうぞく》　さうしあらい

香蝶楼国貞画

流行美人合《りゅうこうびじんあわせ》

香蝶楼国貞
文政頃

化粧部屋《けしょうべや》の様子

本所一《ほんじょひと》つ目《め》の岡場所《おかばしょ》を描いたといわれているこの「流行美人合」は、何点かのシリーズになっているようで、どうやらこの絵は遊廓《ゆうかく》の二階らしい。階段が見えている。いずれも身支度《みじたく》の最中《さいちゅう》である。

右にいる餅花《もちばな》のような模様が描かれたピンク地に、紫のぼかしが入った着物を着て、有職紋《ゆうそくもん》のような帯を締めている遊女は、潰《つぶ》し島田《しまだ》に長い笄《こうがい》を挿している。既《すで》に化粧は終わったのだろう。

真中の遊女は、まだ化粧し始めたところか、房楊枝《ふさようじ》の先を歯で噛《か》んで、左手には嗽茶碗《うがいちゃわん》を持っている。これから顔でも洗うところか、足もとに水の入った桶《おけ》が見えている。

左にいる遊女は鏡台に肘をつき、楊枝をくわえ、右手に持っているのは毛抜《けぬき》であろう。蝙蝠模様《こうもりもよう》の着物に、弁慶格子《べんけいこうし》の打掛《うちかけ》を羽織《はお》っている。髪は潰し島田に赤い手絡《てがら》。木目模様《もくめもよう》のような鏡台《きょうだい》の脇に、白粉《おしろい》の美艶仙女香《びえんせんじょこう》が置いてある。

たぶんここは化粧部屋であろう、木目のような模様と、黒の鏡台が四台横に並んだ様子はいかにも遊廓らしい。提灯《ちょうちん》には蔦《つた》が描かれているので、屋号は蔦屋《つたや》か。手拭《てぬぐい》にはなにげなく、香蝶楼国貞の香蝶《こうちょう》と歌川派のマーク、年玉印《としたまじるし》が描かれている。一人ひとりに自分の鏡台があり、その前で話し込む三人の身支度姿がいろいろで面白い。ちなみに、岡場所というのは、官許の吉原以外の私娼街《ししょうがい》のことをいった。

りゅうこうびじんあわせ
流行美人合

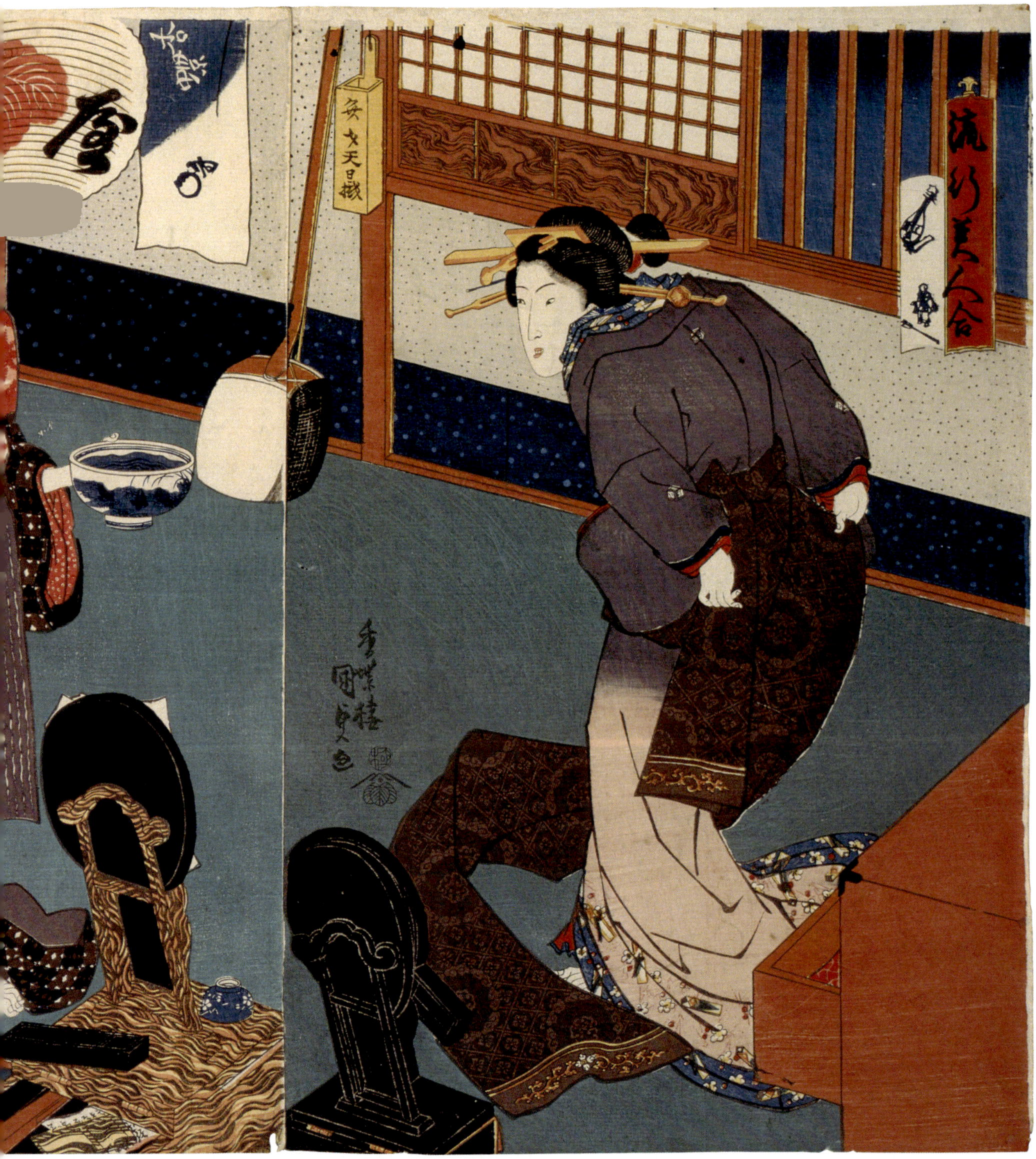

香蝶楼国貞画
香蝶楼国貞画

名所江戸百景
駒形堂
吾嬬橋
廣重画

江戸名所百景《えどめいしょひゃっけい》　駒形堂吾妻橋《こまがたどうあづまばし》

歌川広重
安政4年

百助《ひゃくすけ》の赤い旗

「江戸名所百人美女《えどめいしょひゃくにんびじょ》」シリーズの駒形のところでも記述しているが、この絵は浅草の駒形堂《こまがたどう》の屋根と、赤い旗のようなものは筋向かいにあった化粧品店の中島屋百助の幟看板《のぼりかんばん》である。駒形堂の屋根の後ろに見えているのが吾妻橋《あづまばし》で、赤い旗の右に見えているのは材木のようであるが、天保年間（1830〜1844）に出された『江戸名所図会《えどめいしょずえ》』には、材木を置いてある様子は描かれていない。広重が絵のバランスを考えて加筆したのかもしれない。また、大空を飛んでいるのは杜鵑《ほととぎす》で、吉原《よしわら》の遊女二代目高尾《たかお》が、今しがた別れを惜《お》しんだばかりの仙台藩主・伊達綱宗《だてつなむね》に送った手紙「君はいま駒形あたりほととぎす」に因《ちな》んで描いたのだろう。ちなみに、この杜鵑は、安政3年（1856）に出された『狂歌江都名所図会《きょうかえどめいしょずえ》』にも、広重が同じアングルで描いている。

駒形堂は、馬頭観音《ばとうかんのん》（馬のことを駒《こま》ともいう。人身馬頭《じんしんばとう》、または宝冠《ほうかん》に馬頭をいただき憤怒《ふんど》の相をした観世音菩薩《かんぜおんぼさつ》）を本尊に祀《まつ》っているので駒形と呼ばれた。江戸時代は、馬の守護神として、また旅の安全を守る神として広く崇敬《すうけい》をされていた。この絵から見ると、駒形堂は大きな建物のように感じるが、実際は小さな堂である。川岸から少し高台に建てられているので、この絵のように下を見下ろすような構図になっている。

なお、前述したように、赤い旗は、中島屋百助の店の場所を表しているので、名所百景《めいしょひゃっけい》ではなく、百助の宣伝用ではないかともいわれているが、杜鵑と駒形堂だけでは、なにか絵がしまらず、動きも華《はな》やかさも足りない。百助の赤い旗が翻《ひるがえ》ってこそ、この絵は生きてくる。

當盛見立人形之内 粂の仙人
一勇斎
國芳画
一勇斎
國芳画
佐七刻

当盛見立人形之内《とうせいみたてにんぎょうのうち》　粂《くめ》の仙人《せんにん》

一勇斎国芳
安政３年

仙人《せんにん》と白粉《おしろい》

粂《くめ》（久米）の仙人は、伝説上の人物。大和国吉野郡《やまとのくによしのぐん》の龍門寺《りゅうもんじ》にこもって空中飛行の術を学ぶが、吉野川の岸辺で洗濯をしている若い女の白い脛《はぎ》（ひざから下、くるぶしから上の部分。すね）に見惚《みほ》れ、神通力《じんつうりき》を失って墜落《ついらく》し、その女を妻として俗界《ぞっかい》に帰る。のち、高市郡遷都《たかいちぐんせんと》のとき、七日七夜修行し、祈祷《きとう》の末、材木を空中に飛ばせて運んだ功《こう》により、免田《めんでん》30町を与えられ、その地に久米寺《くめでら》を建てたという。

江戸時代、この久米の仙人の話になぞらえて、町家の妻が、内《うち》ももまで白粉を塗ったという話がある。

安永４年（1775）恋川春町《こいかわはるまち》が書いた『春遊機嫌袋《はるあそびきげんぶくろ》』のはつ湯に〈裏町のお内儀《ないぎ》、初湯《はつゆ》に出かけるとて、八丈《はちじょう》のかわりじまに金《きん》しもん、両ごくおりのはばひろをしめかけ、内ももまでおしろいをぬりかけ、そと八文字《はちもんじ》にあるきかけらるれば、通りの人あれを見やれ、とほうもねゑ白いことの、…との調市《でっち》きもをつぶし、うろつくひやうしに石にけつまずいて、内議の裾《すそ》へばったり、内ぎ「ふりかへって、長松《ちょうまつ》や今のはなんだ、長松「アイわたしが、けつまずいてころびました、内ぎ「ム、おれはまた仙人《せんにん》かとおもった…」落語のようなやり取りである。

この話は、脛ではなく、さらにエスカレートして内ももの白さにまで及んでいる。それでなくても内ももは白いのにさらに白粉を塗ったという、このお内儀のこだわりと自信が、久米の仙人まで登場させたのである。その後、内ももの白粉化粧《おしろいげしょう》が流行《はや》ったという話は聞いていない。

当盛見立人形之内《とうせいみたてにんぎょうのうち》　粂《くめ》の仙人《せんにん》

一勇斎
國芳画
佐七刻

婦人たしなみ草
香蝶楼国貞画

婦人《ふじん》たしなみ草《くさ》

香蝶楼国貞
弘化4年

髪を梳《す》く

この絵は、「婦人たしなみ草」という揃物《そろいもの》で、ほかに裁縫などもあるが、よく知られていたのは、この髪を梳いているところといわれている。

江戸時代、長い髪の梳き方は、このような前屈《まえかが》みの恰好《かっこう》でやっていた。たぶん洗《あら》いたての髪であろう。肩から背中に掛けて、矢絣《やがすり》のような前垂《まえだ》れの紐《ひも》を胸の辺りで結んでいる。着物は蔦《つた》のような葉に小さな花模様、中着《なかぎ》は青地に鳥が画かれている。右手に持っているのは、唐櫛《とうぐし》といわれた両歯《りょうば》の解《と》き櫛で、下に置かれている畳紙《たとう》の上には、にぎり鋏《ばさみ》、ブラシのような櫛払《くしはら》い、毛筋《けすじ》たて、元結《もとゆい》、解き櫛などが見えている。

題箋《だいせん》の横に書かれている言葉は「婦人《をんな》の髪化粧《かみけはひ》ハ親夫《おやおっと》への禮《れい》なれバ取乱さぬやうに心からなすたしなみの第一《だいいち》なれ凡《およ》そ婦人《ふじん》に四徳《しとく》といふあり婦徳婦功婦言婦容《ふとくふこうふげんふやう》これなり婦容《ふやう》とハ容《かたちづくり》をいふすべて婦人ハ髪化粧によりて貞実《ていじつ》にも淫風《いんふう》にも見ゆるものなれば婀娜《あだ》めかぬやうに容をすべし努ヽ《ゆめゆめ》遊女夜発《ゆうじょやはつ》の風を真似《まね》て人の誹《そし》りを受ることなかれ」とあり、髪と化粧がいかに女性にとって大事であるかを、作者の金水老人が述べている。

それにしても長い髪である。このような長さがないと、いわゆる日本髪は結えなかったのである。

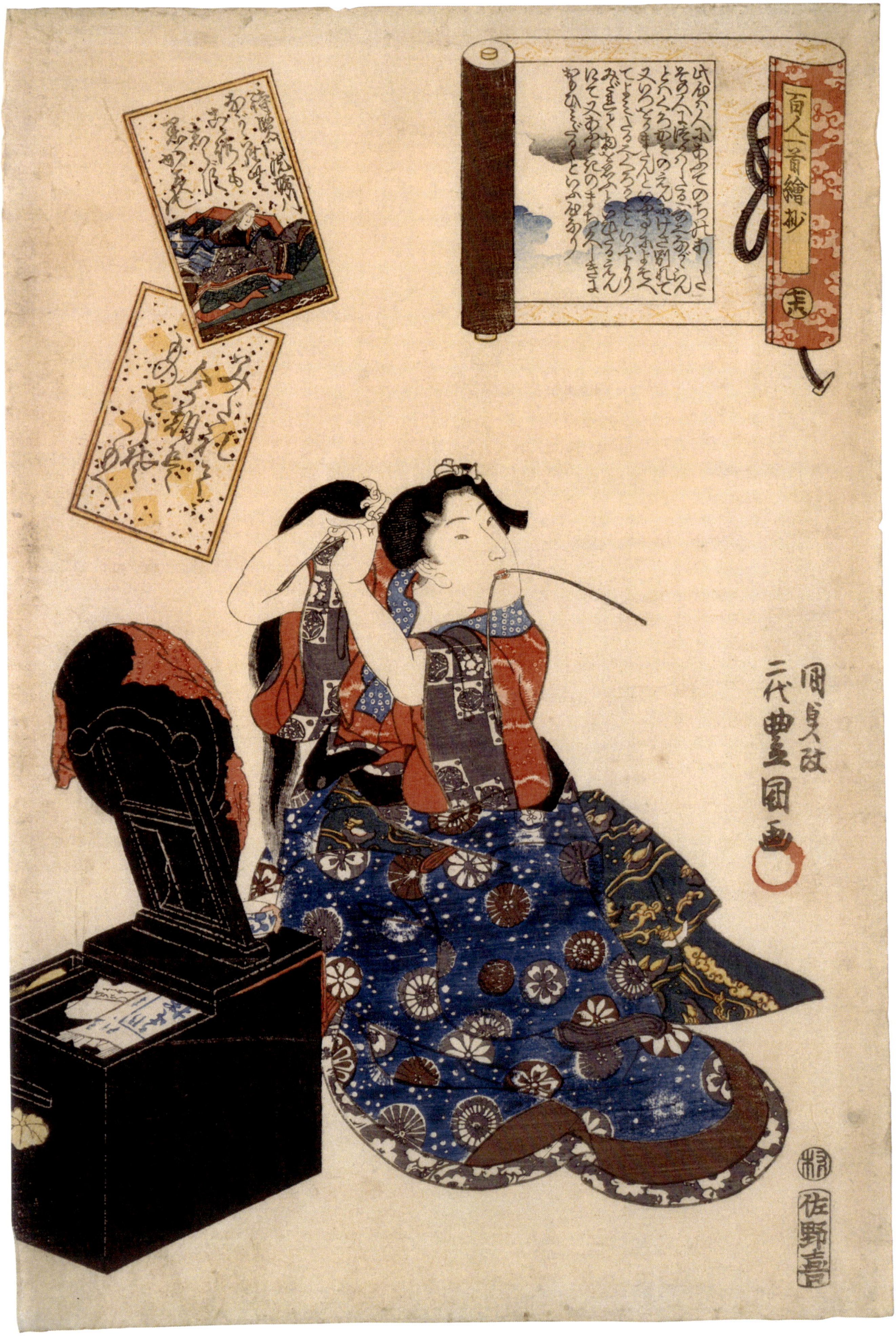
百人一首繪抄
国貞改
二代豊国画
佐野喜

百人一首繪抄《ひゃくにんいっしゅえしょう》　七十八　待賢門院堀川《たいけんもんいんほりかわ》

国貞改二代歌川豊国
弘化4年

自分で髪を結う

黒い鏡台の前で、髪を一束《ひとたば》にまとめているのは、まだ若い娘であろう。口にくわえているのは元結《もとゆい》（髻《もとどり》を結ぶ細長いもの。昔は組紐《ひも》または麻糸を、近世は髷《まげ》に趣向をこらして水引元結と称する紙縒《こより》に糊を付けたものを用いた）である。

着物は丸の中に桜や菊、傘などが描かれ、中着《なかぎ》は赤地に梅模様、帯は鴛鴦《おしどり》であろうか。鏡台の中に「うす桜」と書かれた白粉包《おしろいづつ》みが見えている。

百人一首のかるたの読み札と、とり札には、待賢門院堀川《たいけんもんいんほりかわ》の歌「ながからむこころもしらず黒かみのみだれて今朝《けさ》はものをこそおもへ」と書かれている。昨夜契《ちぎ》りを結んだあなたは、末永く心変わりしないとおっしゃいましたが、心をはかりかねて、今朝の黒髪のように心乱れて、いろいろ物思《ものおも》いにふけっています、といったところだろう。

待賢門院堀川は、平安時代後期の歌人で、崇徳院《すとくいん》の生母、待賢門院《たいけんもんいん》（鳥羽院の中宮・璋子《しょうし》）に仕《つか》えて「堀河《ほりかわ》」と呼ばれた。

髪を結い上げている娘は、内心、待賢門院堀川の歌のような切《せつ》ない気持なのか。この絵の表情からは伝わってこないが、女心《おんなごころ》というのは、顔つきだけでは分からないものである。

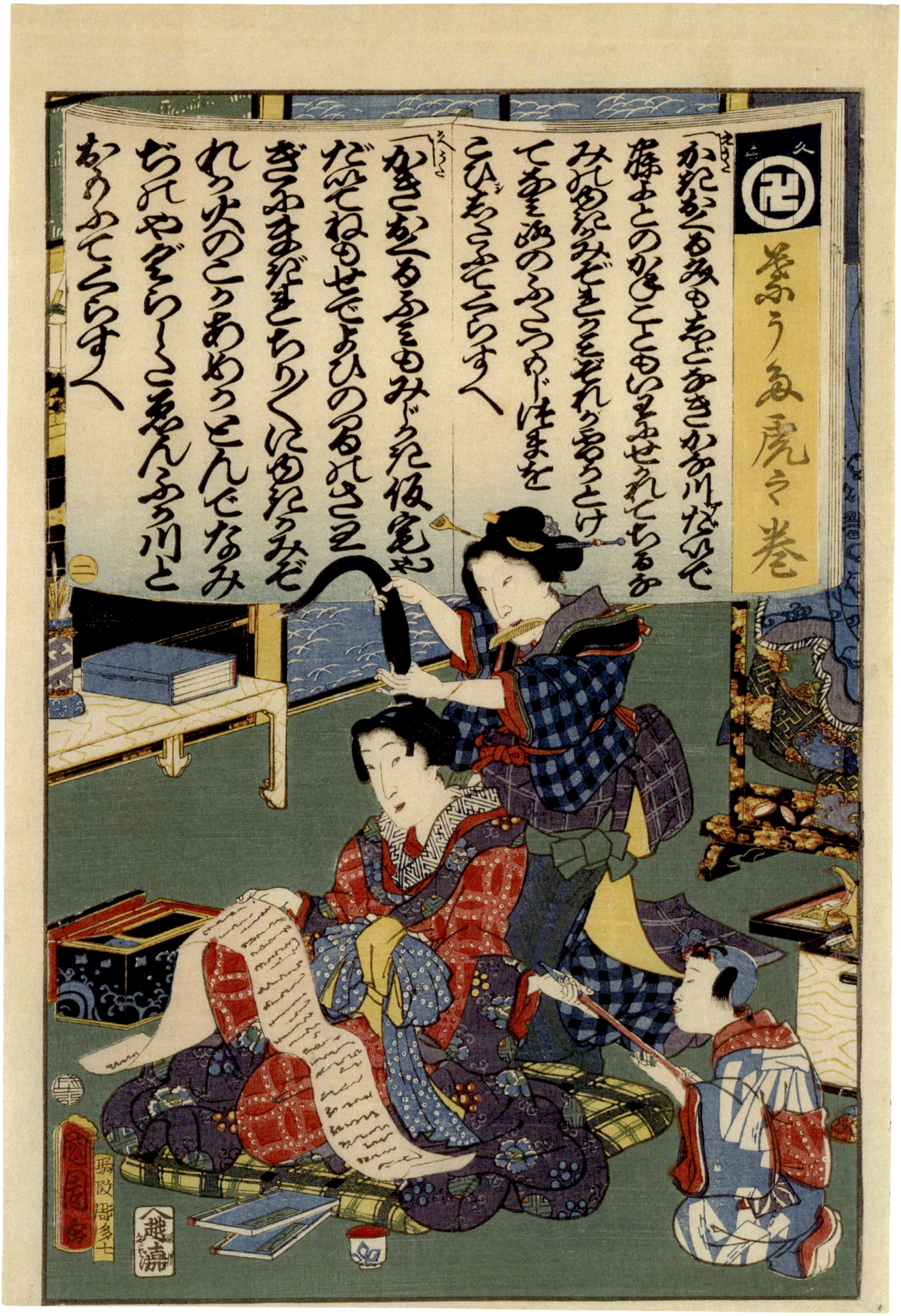

葉《は》うた虎之巻《とらのまき》

豊原国周
文久2年

遊廓《ゆうかく》の女髪結《おんなかみゆい》

十三枚の揃物《そろいもの》の中の一枚。部屋持ち遊女が女髪結に髪を結ってもらいながら、禿《かむろ》から煙管《きせる》を受け取っている。手に持っているのは書き上げた手紙であろう。脇に硯箱《すずりばこ》が見えている。

遊女は赤い絞りに唐花模様《からはなもよう》が額縁仕立《がくぶちじたて》になった部屋着《へやぎ》に前帯。立膝《たてひざ》をしている。禿の頭は「ぼんの窪《くぼ》」といった髪型か。着物は束《たば》ね熨斗《のし》模様である。

女髪結は、貝髷《ばいまげ》に商売道具の毛筋《けすじ》たてを挿《さ》している。結い上げているのは島田髷《しまだまげ》だろうか。これから髷《まげ》の部分を作っていくところである。弁慶格子《べんけいごうし》の着物に襷《たすき》がけ、帯の端を長く後ろに垂らしている。

禿の後ろに見えているのは、女髪結の道具箱であろう。いろいろな櫛が入っている。女髪結は、遊女たちにとって、なくてはならない存在で、安永頃には、月極《つきぎめ》で契約していたものもいたらしい。髪結賃として月、二分（一両の半分）を払っていたというから、1回二百文として10回前後は結ってもらっていたのだろう。身嗜《みだしな》みにもお金がかかった。

巻物に書かれているのは端唄のような恋慕の元唄《もとうた》と、替唄《かえうた》（かきおくもふみもみじかき仮宅《かりたく》やだいてねもせでよひの間のさわぎにまぎれちりちりにゆきかみぞれか火のこかあめかとんでなみぢのやぐらしたえんふか川とおもふてくらすへ）で、遊女が書いた手紙も同じ様な内容かもしれない、こういった手紙を書くのも遊女の手練手管《てれんてくだ》の一つである。

春雨豊夕榮《はるさめゆたかのゆふばえ》

歌川豊国
安政２年

髪結《かみゆ》いの仕事

慌《あわ》ただしい遊廓《ゆうかく》の午後の様子か。襷《たすき》を掛《か》けて眉無《まゆな》しの女髪結が髷《まげ》を元結《もとゆい》で縛《しば》っている。島田髷《しまだまげ》を結うところだろう。前垂《まえだ》れのところに元結を挟《はさ》んでいる。結ってもらっているのはこの遊廓の高位の遊女かもしれない。隣にいる天神髷《てんじんまげ》の遊女から手紙について話を聞いているところか。

右に立っている遊女はすでに支度《したく》ができているらしく、左手で褄《つま》をとっている。髪は潰《つぶ》し島田《しまだ》で、桜模様の着物に、蝶が描かれた黒い帯を締めている。

その下で三味線《しゃみせん》を弾《ひ》いている遊女は、二崩《にくず》し縞《じま》の着物に赤く紗綾形《さやがた》に絞《しぼ》った帯、髪は、後ろ襟《えり》の辺《あた》りで無造作《むぞうさ》に結ぶ「じれった結び」になっている。

また、左で火燵《こたつ》に入っている遊女はしばしの休憩《きゅうけい》といったところだろう。

後ろの格子《こうし》にかけてあるのは、「歌川」と名前の入った手拭《てぬぐい》で、歌川派の年玉印《としだまじるし》が染めてある。棚にはお歯黒《はぐろ》の耳盥《みみだらい》と嗽茶碗《うがいちゃわん》、楊枝箱《ようじばこ》、水差《みずさ》し、土瓶《どびん》、湯呑《ゆのみ》、二段重ねの容器には食べ物が入っている。

髪を結ってもらっている遊女の前にある黒の鏡台をよく見ると、引出しが左に付いている。普通、右にあるものだが、左手で引出しを出すのか。使い勝手を考えずに豊国がわざと左に描いたのであろう。

話し声、三味線の音、賑《にぎ》やかな雰囲気《ふんいき》が伝わって来る。

はるさめゆたかのゆふばえ
春雨豊夕榮

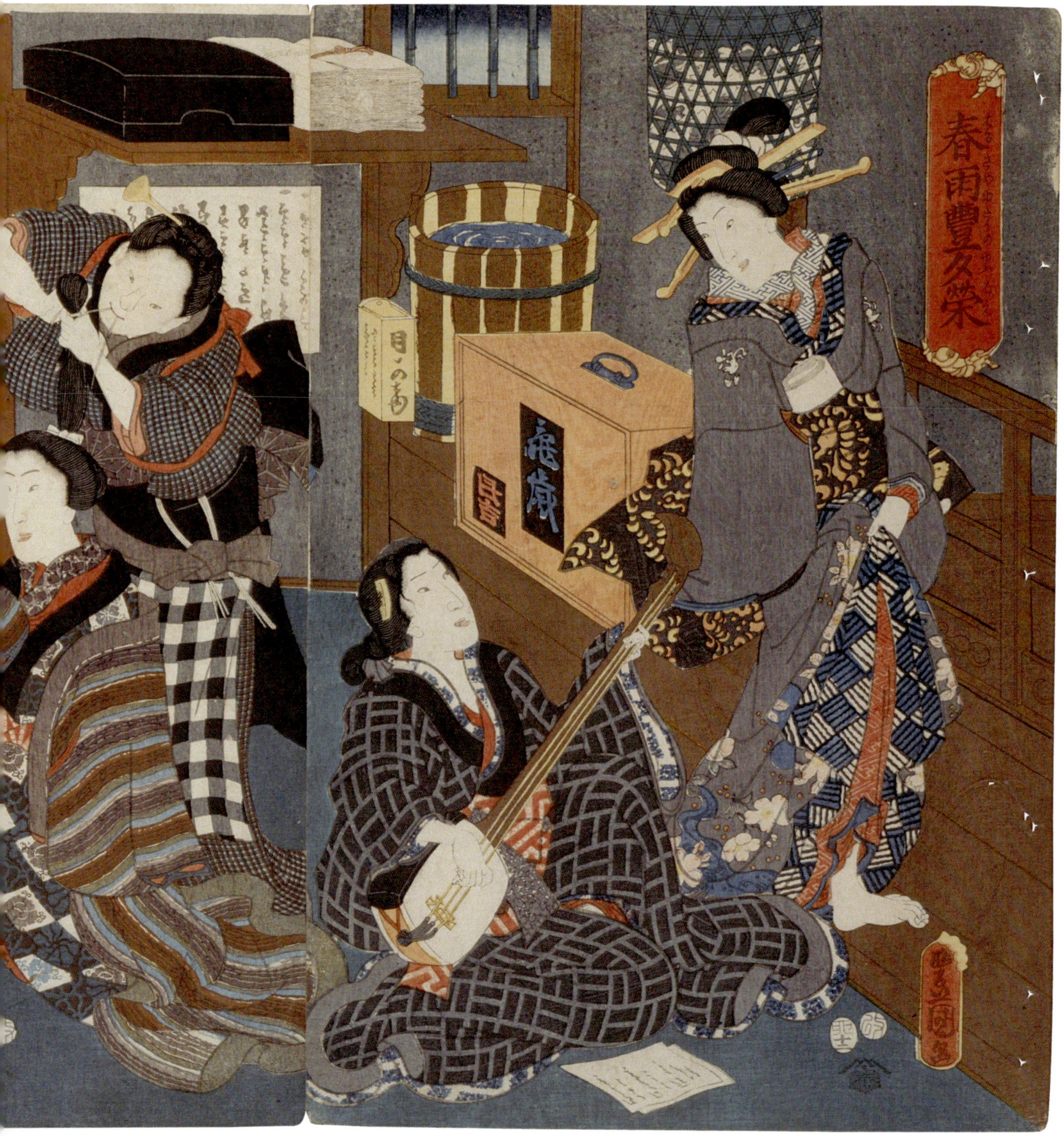

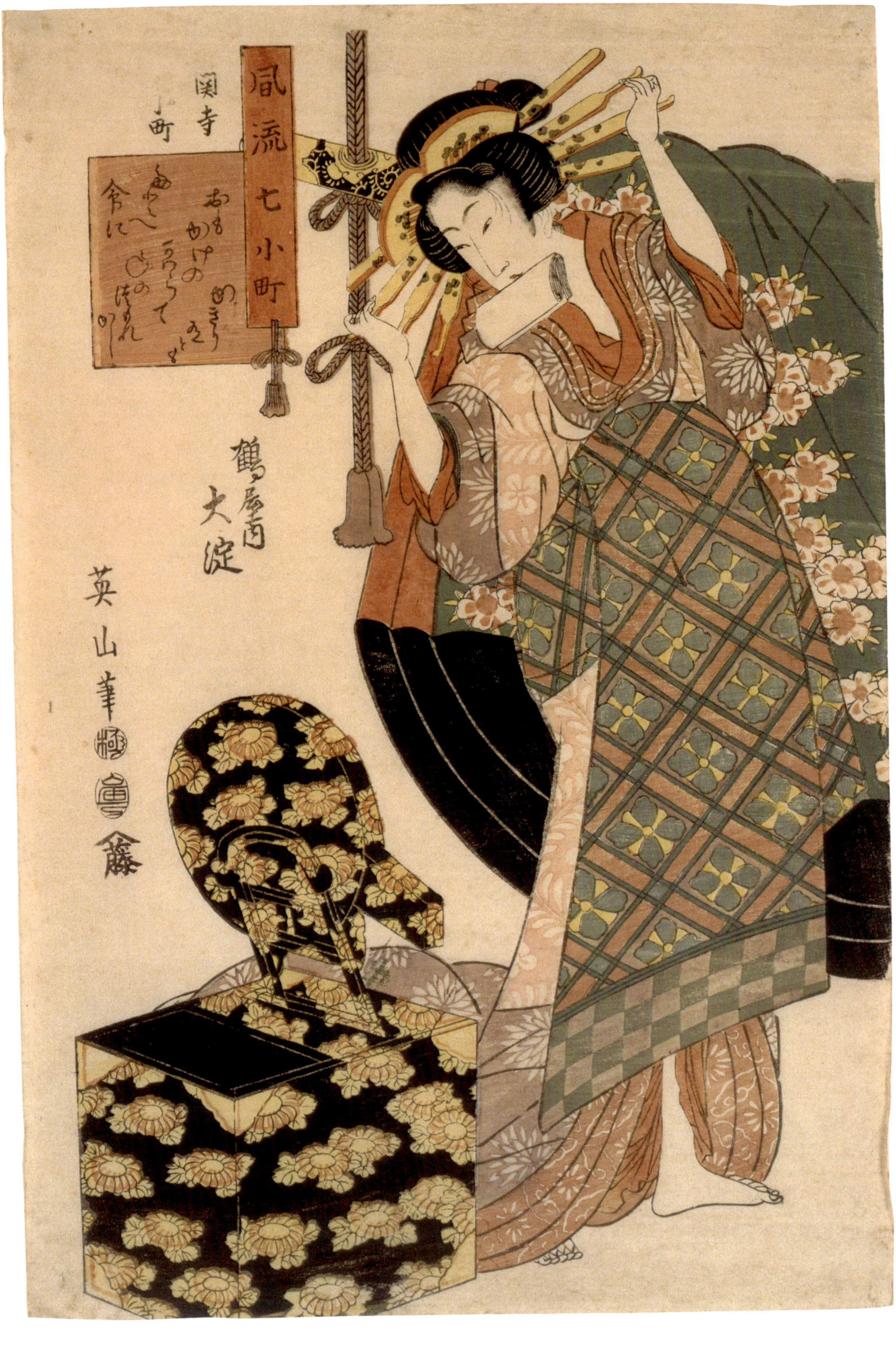
風流七小町
関寺小町
鶴屋内
大淀
英山筆

風流《ふうりゅう》七小町《ななこまち》　関寺小町《せきでらこまち》　鶴屋内大淀《つるやないおおよど》

菊川英山
文化9年

遊女の二枚櫛《にまいぐし》

菊の模様のついた鏡台《きょうだい》で、斑《ふ》の入った簪《かんざし》の様子を見ているのは、新吉原京町《しんよしわらきょうちょう》一丁目、鶴屋内《つるやない》の大淀《おおよど》である。文化9年（1812）の『吉原細見《よしわらさいけん》』（妓楼《ぎろう》や遊女の名などを詳細に記した江戸吉原の案内書。享保年間に初めて作られ、毎年刊行された）によると、呼出《よびだ》し（引手茶屋《ひきてぢゃや》へ呼ばれて行き客を伴《ともな》って帰る上級遊女）金三分《きんさんぶ》とあるので最高位の遊女であった。

島田髷《しまだまげ》に斑の入った鼈甲《べっこう》の二枚櫛、簪とセットのものであろう。このような二枚櫛、または三枚櫛といったように櫛を何枚か遊女たちは挿《さ》したが、それは遊女特有の飾り方で、素人《しろうと》の女性は一枚であった。一枚は自分のため、その他は客の髪を梳《す》くのにというのが、いつのまにか飾りになったのであろう。簪も左右あわせて10本以上挿していた遊女もいて、まるで仏様《ほとけさま》の後光《ごこう》のようだとも言われた。懐紙《かいし》を口にくわえ、花勝見《はなかつみ》と菊模様の着物、花菱《はなびし》の帯を前に結んでいる。

大淀の後ろに掛っているのは三枚襲《がさね》の打掛《うちかけ》か。菊川英山は、名前の菊と、重陽《ちょうよう》の節句（9月9日）生まれからか、自分の描く女性に多種多様な菊模様の着物をまとわせていたという。

こま絵は、小野小町《おののこまち》の歌と伝えられている「おもかけの　かわらて年の積《つ》もれかし　たとへ命にかきりありとも」が書かれている。

浮世四十八癖

浮世四十八癖《うきよしじゅうはちくせ》

なんでもほしがる八苦《く》なしの癖《くせ》

溪斎英泉
文政中頃

憧《あこが》れの髪飾り

縁側《えんがわ》に腰掛ける若い娘は、鼈甲《べっこう》のような簪《かんざし》を持って差し出している。なんでも欲しがる、いう題から見ると、この簪を欲しがっているところだろう。

江戸時代前期から、髪飾りの中で女性の一番の憧れは、なんといっても鼈甲で作られた櫛《くし》、簪、笄《こうがい》であった。日本ではあまり採《と》れず貴重品であったこともあり、ましてや斑《ふ》のない白鼈甲は、遊女であっても高根《たかね》の花といったところであった。

どうしても鼈甲の髪飾りが欲しいという希望に応えたのか、職人たちが馬爪《ばづ》、牛爪《ぎゅうづ》で作った贋物《にたり》と呼ばれたものは、多くの女性たちに喜ばれた。ただし、年数が経つと、鼈甲が飴色《あめいろ》になるのと反対に、白っぽくなってくるという欠点もあった。

この娘は赤い手絡《てがら》を掛けた結綿《ゆいわた》（島田髷《しまだまげ》の一種）に両天簪《りょうてんかんざし》を挿《さ》している。着物は梅に楓《かえで》模様が描かれ、帯は鶴が描かれている。左手の近くに羽子板《はごいた》と羽根が見えている。正月という設定であろうか。

こま絵は御殿山《ごてんやま》のあたりで、桜が満開になっている。正月であれば、桜は早すぎる。どう見ても季節感が合わないし、この娘との関連も分からない。

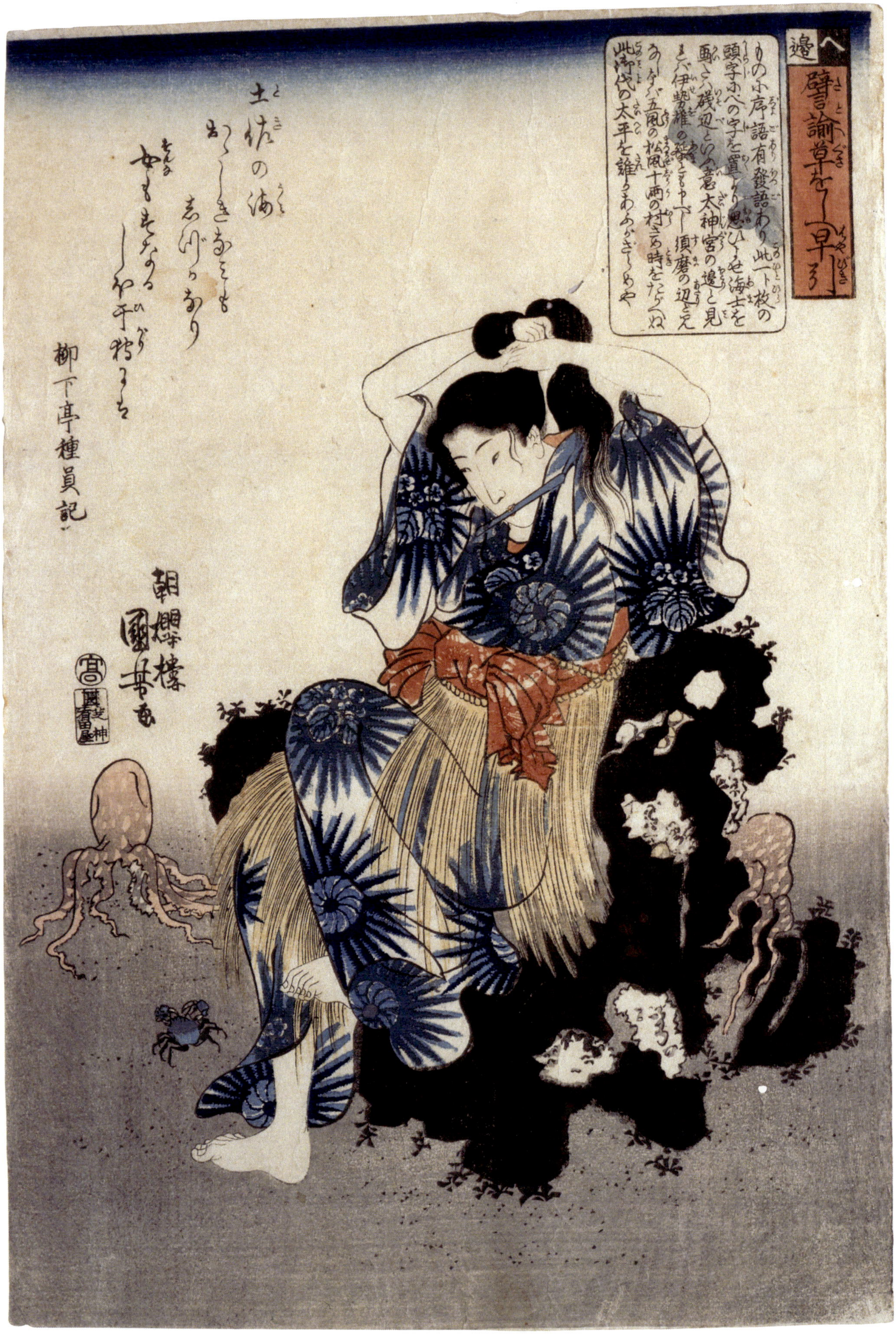
へ
邊
譬諭草をしへ早引
柳下亭種員記
朝櫻樓
國芳画

譬論草《たとえぐさ》をしへ早引《はやびき》　へ　邊

朝櫻楼国芳
天保から弘化頃

海女《あま》の髪

長い髪を無造作に巻き上げているのは、海女であろう。桐に花模様が絞りになっている浴衣《ゆかた》の上に腰蓑《こしみの》を巻いている。口にくわえているのは、髪を巻きつける笄《こうがい》であろう。

「譬論草《たとえぐさ》をしへ早引《はやびき》　へ邊」は、題箋《だいせん》の左に書かれている文章によると「ものに序語有發語《じょごありはつご》あり此一《このひ》ト枚《ひら》の題字にへの字を置《おく》より思ひよせ海士《あま》を画《かい》たは磯辺《いそべ》といふ意《い》大神宮《だいじんぐう》の邊《ほとり》と見れば伊勢雄《いせお》の蜑《あま》とも申べし須磨《すま》の辺《あたり》と見なしなば五風《ごふう》の松風十両《まつかぜじうり》の村《むら》さめ時をたがへぬ此御代《このみよ》の太平を誰《たれ》かあふがざらめや」とあり、へは、いそべという意味。

邊というのは、大神宮のほとり、という意味らしい。

また、左の柳下亭種員《りゅうかていたねかず》が書いた歌は、「土佐の海おおしきなみもしづかなり女もすなりしほ干狩《ひがり》には」とあるので、潮が引いて、これから潮干狩りというところかもしれない。

この「譬論草をしへ早引」は、何枚かの揃物であろうが、「は」のところでは、お歯黒《はぐろ》をする様子の描かれたものもある。女の知っているべきことや、やらなければならないことなどが描かれているのであろう。

今でもこのようなポーズで髪を結い上げる女性がいる。時代を経《へ》てもやることは同じで変わっていない。

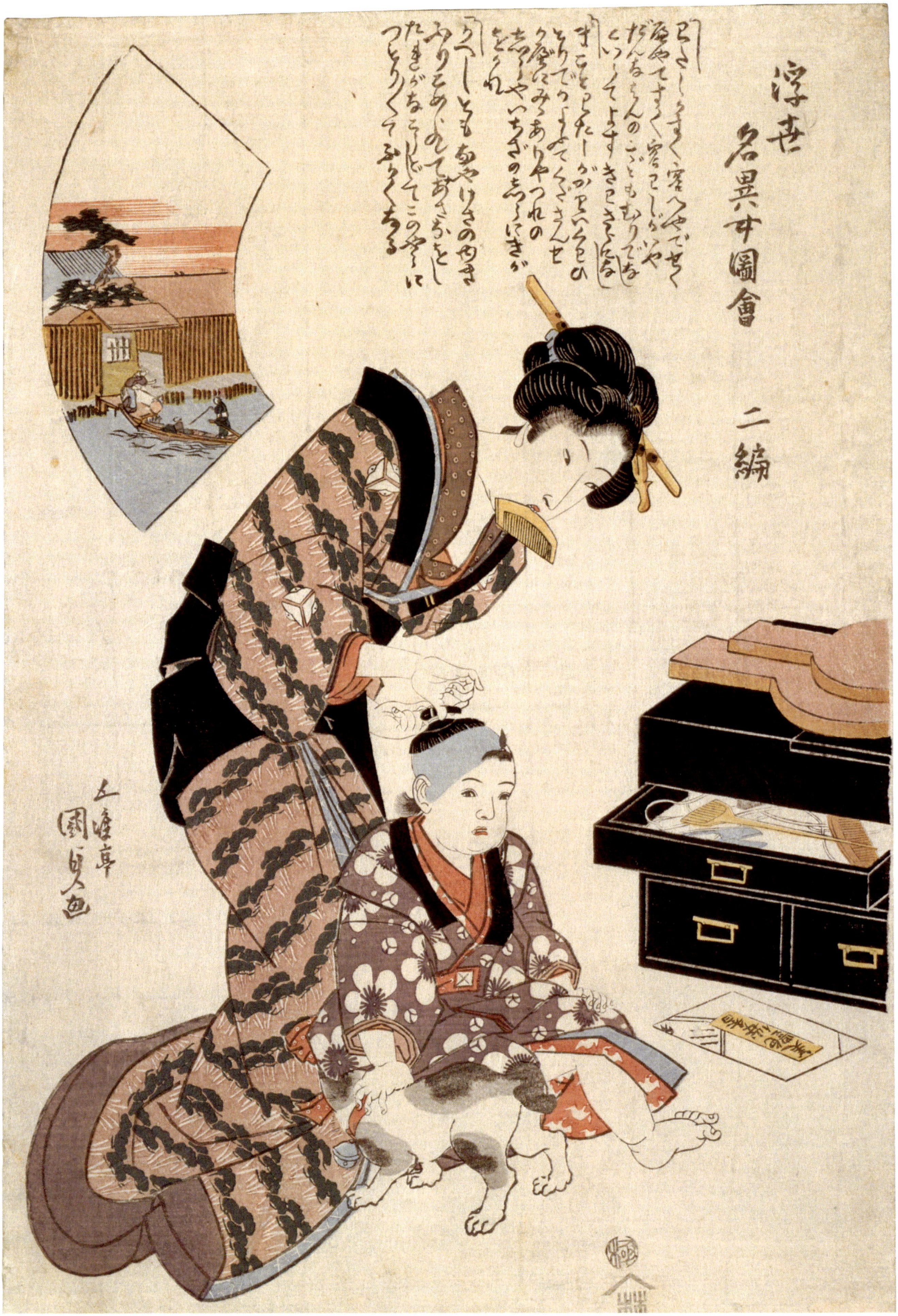
浮世名異女圖會
二編
五渡亭國貞画

浮世名異女図会《うきよめいじょずえ》　二編

五渡亭国貞
文政4年

子供の髪

「浮世名異女図会」は揃物《そろいもの》で20枚位あるとされている。さらにこの絵のように「二編」とつくものも同じ20枚位あるらしい。「二編」のつかないものは、江戸、京、伊勢、摂津《せっつ》、三河など各地に及んで、女と、その土地の俚謡《りよう》、端唄《はうた》などが書き込まれている。「二編」の方は、描かれているのが全部江戸であるが、場所と女の身分は書かれていない。

この絵は、母親らしき女性が子供の髪を芥子坊《けしぼう》に結っているところ。江戸時代の子供は、生まれて七日目に髪を剃り、三歳の11月15日に髪置きの儀式を行った。これより髪を伸ばすのであるが、伸ばして後、少しばかりの髪を残して「芥子坊」という髪にすることが民間ではあった。

梅の花模様の着物を着ているが、男の子かもしれない。母親らしき女性は、解《と》き櫛を口にくわえ、割鹿子《わりかのこ》のような髪型を結っている。帯は黒で、着物は松林のようになった模様に、尻合《しりあわ》せ三《み》つ雁金《かりがね》の五つ紋。側には鏡台があり、引出しの中には、元結《もとゆい》、毛筋《けすじ》たて、にぎり鋏《ばさみ》など、床には白粉《おしろい》の美艶仙女香《びえんせんじょこう》が置いてある。

上の文字は恋慕の情の歌が書かれ、竪《たて》になった扇面地紙《せんめんじがみ》には柳橋《やなぎばし》あたりの料亭であろうか。はっきりした場所と、どんな立場の女性か分かると面白い。

第2章

江戸のよそおい

江戸のよそおい

江戸時代のファッションリーダーといえば、遊女と歌舞伎役者であろう。とくに遊女は、自分の美しさを磨くために、常に先端モード（ファッション）の先駆者《せんくしゃ》であった。それは、化粧、髪型だけでなく衣裳などにも現れている。また、遊女だけでなく、身分、階級で違った伝統様式の装いは、残された浮世絵が全体像（コーディネート）を語る唯一の証言者である。その他、珍しいもので、婚礼風景も紹介している。

諸國富士尽
都之富士
丸海老屋内
一筆斎英泉画

諸国富士尽《しょこくふじづくし》　都之富士《みやこのふじ》

丸海老屋内《まるえびやない》　おたか

一筆菴英泉
文政～天保頃

引込新造《ひっこみしんぞう》おたか

丸海老屋《まるえびや》は江戸町一丁目にあった妓楼《ぎろう》の名前。根《ね》の高い島田髷《しまだまげ》に髷《まげ》より大きい櫛《くし》、牡丹《ぼたん》の両天簪《りょうてんかんざし》、そして蔦《つた》の形をした簪が3対と、髷のところに竪《たて》に2本、前髪のところにも簪が2対、計12本挿《さ》してある。髪型の派手《はで》なところはまさしく遊女であるが、菊模様《きくもよう》の振袖《ふりそで》を着ている姿は、まだまだ娘気分が抜けていない。帯は黒に雲紋《くももん》に蝶《ちょう》が描かれた有職紋《ゆうそくもん》であろうか。竪結《たてむす》びにしている。

名前に「お」が付いているのは、引込新造の場合におおかったらしい。八木敬一・丹羽謙治編『吉原細見年表《よしわらさいけんねんぴょう》』（１９９６）によると、「江戸、吉原の遊廓《ゆうかく》で内証《ないしょう》（主人の部屋）に置いて芸事を習わせるなどして、新造または部屋持《へやもち》以上の遊女になる準備をさせる禿《かむろ》を引込禿《ひっこみかむろ》といい、この禿から新造になって、まだ突出《つきだ》し（初めて客の前にでること）の披露《ひろう》をしない間の者を引込新造といった…」とある。つまり高位の遊女になるための見習いということである。川柳にも「引ッこみと称しおの字ではやらせる」と詠《うた》われているので、このおたかは引込新造ということになる。

稽古《けいこ》でもしていたのか、琴に和本が置いてあり、白粉《おしろい》の美艶仙女香《びえんせんじょこう》も見えている。

名妓三十六佳撰
三亭春馬記
應需 豊國画
三十七

名妓三十六佳撰《めいぎさんじゅうろくかせん》　玉菊《たまぎく》の話

応需　歌川豊国
文久元年

新しい玉菊《たまぎく》

菊の花が細工された長い煙管《きせる》の吸い口に、手を乗せているのは、遊女玉菊であろう。煙草盆《たばこぼん》、剃刀箱《かみそりばこ》、嗽茶碗《うがいちゃわん》、何れも菊模様である。横兵庫《よこひょうご》に長い笄《こうがい》、襟《えり》に剃刀《かみそり》をあてて、襟足《えりあし》を剃《そ》ってもらっている。浴衣《ゆかた》のような着物には、大きな割《わ》り杏葉菊《きょうようぎく》が描かれている。

側で、剃刀を持っているのも遊女であろう。帯の結び方がしどけない。右にいるのは、振袖新造《ふりそでしんぞう》といったところか。梅に鶯《うぐいす》が描かれた着物に、八《や》つ菊唐草《ぎくからくさ》の描かれた鏡台《きょうだい》と鏡箱を持っている。髪型は切り前髪に島田髷《しまだまげ》、帯は亀甲模様《きっこうもよう》になっている。

後ろにあるのは、牡丹《ぼたん》と御簾《みす》が描かれた着物が掛っている折《お》り衣桁《いこう》で、ここにも菊が描かれ、こま絵の下の障子《しょうじ》にも、菊が描かれるほど、念のいった菊尽《きくづ》くしである。

こま絵には、「おのれさるころ友人なる梅屋のあるじ栄中子がひざうのこぶ川玉ぎくのまくらてふものひめおかるるうつはのふたにかの太夫がふでのすさびにおのが身のうきをまくらによばへたる枕のちりてふかんなぶみのすゑにものしたるよみうたをいとおこながら前々筆にかいつけはべりしことありしをふとおもひ出て左にしるす　ちりはらふまくらにさへもおもなしや夜ごとことなる夢むすぶ身は　三亭春馬」となっている。内容は、遊女の儚《はかな》い身の上を詠《うた》ったものか。

ここでいう玉菊の話は、享保11年（1726）、25歳の若さで、酒に命をとられた角町中万字屋《すみちょうなかまんじや》の名妓玉菊《めいぎたまぎく》とは違うようである。たぶん、玉菊の名前を名乗る遊女は何人もいたのだろう。顔つきから見ると強《したた》かな感じがする。新しい玉菊である。

玉屋内 誰袖
玉屋内 花紫
玉屋内 朝妻
豊國画
豊國画
豊國画
玉屋

新吉原江戸町《しんよしわらえどちょう》　玉屋内朝妻《たまやないあさづま》・花紫《はなむらさき》・誰袖《たがそで》

歌川豊国
文政10年

全盛《ぜんせい》の遊女たち

吉原遊廓《よしわらゆうかく》は、明暦《めいれき》の大火後、浅草へ移り、新吉原《しんよしわら》と呼ばれた。その新吉原の江戸町一丁目《えどちょういっちょうめ》に玉屋《たまや》という妓楼《ぎろう》があり、そこで抱えていた三人の遊女を描いている。

文政９年（１８２６）秋の『吉原細見《よしわらさいけん》』には花紫《はなむらさき》と朝妻《あさづま》（いずれも、呼出し昼夜金三分《ちゅうやきんさんぶ》）の名前はあるが、誰袖《たがそで》は見えない。翌10年春の細見《さいけん》には、誰袖（呼出し昼夜金三分）が加わり、三人揃っている。しかし、11年秋には、花紫は呼出し金三分のままであるが、朝妻と誰袖が、ただの昼夜金二分に落ちている。たぶん朝妻と誰袖は身請《みう》けされたのか、代替《だいが》わりしたのであろう。とすると、この絵は、三人全盛の文政10年頃と思われる。

中央の花紫は、遊女特有の髪型、横兵庫《よこひょうご》で、朝妻、誰袖は島田髷《しまだまげ》である。髪飾りは鼈甲《べっこう》の二枚櫛《にまいぐし》、笄《こうがい》、簪《かんざし》は前挿《まえざ》しが４対、後挿《うしろざ》しが４対だが、花紫だけ１対多い。また、三人はお歯黒《はぐろ》をしている。これは客に対する貞節の印でもあった。朝妻は扇面《せんめん》に四季の花が描かれた打掛《うちかけ》に、竹模様のまな板帯。花紫は燕模様《つばめもよう》の打掛に、有職紋《ゆうそくもん》の帯を文庫崩《ぶんこくず》しのように結んでいる。裾《すそ》の黒いふきはビロード地であろう。毛羽《けば》立《だ》っている。左の誰袖は、帯の上から丸に花菱《はなびし》と玉屋《たまや》の印《しるし》である宝珠模様《ほうじゅもよう》の打掛を着込んでいる。

ところで、この絵を三枚続きで紹介しているが、もしかしたら五枚続きかもしれない。題箋《だいせん》がないことと、左右に描かれた提灯《ちょうちん》が中途半端に切れている。いつかどこかで、この揃《そろ》いを見て見たい。

新吉原江戸町《しんよしわらえどちょう》　玉屋内朝妻《たまやないあさづま》・花紫《はなむらさき》・誰袖《たがそで》

玉屋内
誰袖
玉屋内
花紫
豊国画
豊国画

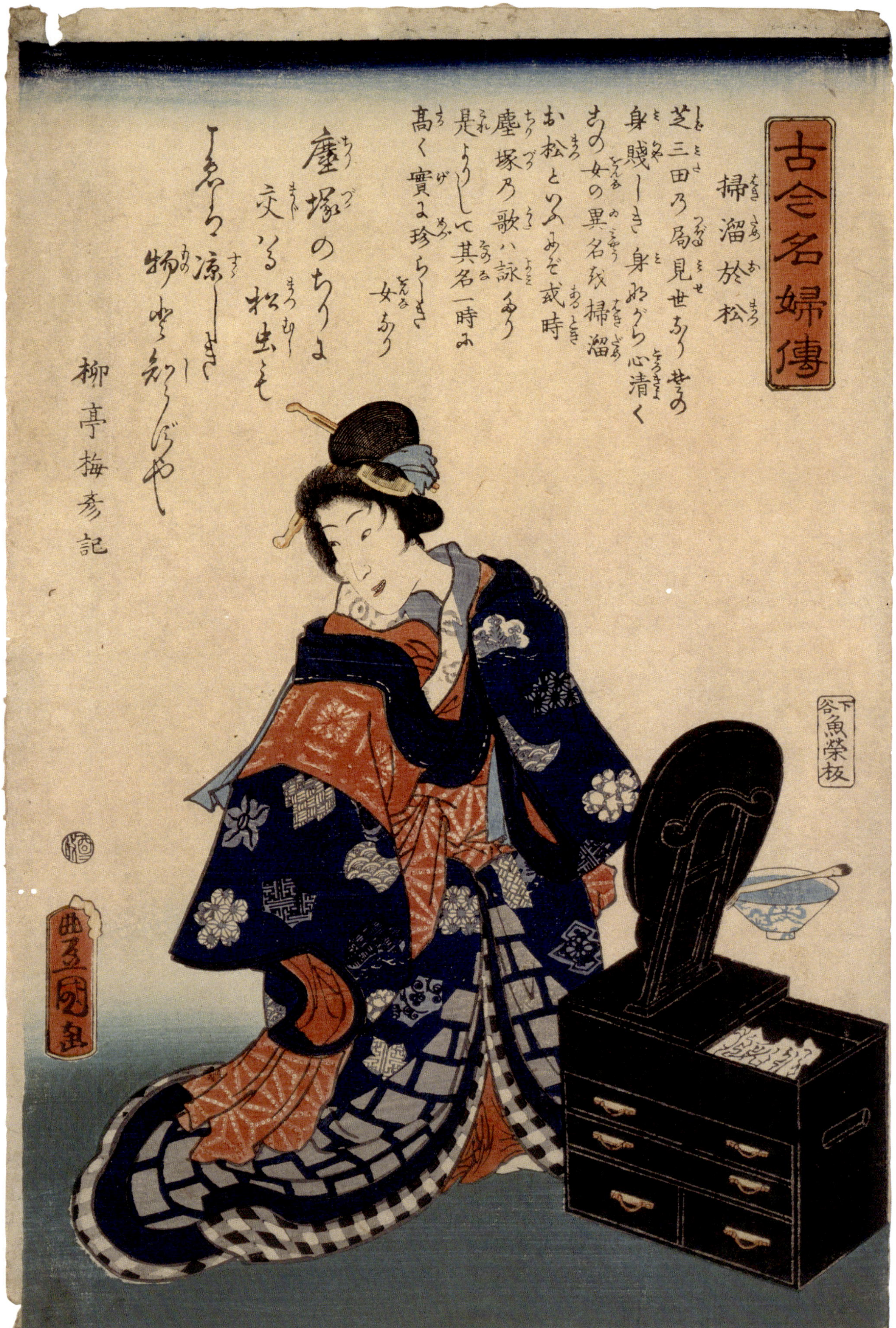
古今名婦傳
掃溜於松
柳亭梅彦記
下谷魚栄板

古今名婦傳《こきんめいふでん》　掃溜於松《はきだめおまつ》

歌川豊国
文久元年

掃《は》き溜《だ》めの才女

鏡の前でなにやらポーズを作っているのは、芝三田《しばみた》の局見世《つぼねみせ》（最下級の女郎のいる店）の女郎掃溜於松《じょろうはきだめおまつ》である。前髪を短く切り、大きな貝髷《ばいまげ》に結っている。化粧が終わったところか。黒い鏡台《きょうだい》の脇に嗽茶碗《うがいちゃわん》と房楊枝《ふさようじ》が見えている。麻《あさ》の葉模様《はもよう》の帯を締め、着物は桜や松、松皮菱《まつかわびし》などを染め抜いた中に、青海波《せいがいは》、紗綾形《さやがた》、万字繋《まんじつな》ぎなどを描いた、つぎ当て風の模様《もよう》になっている。

上に書いてある文章は「掃溜於松　芝三田の局見世なりその身賤《みいや》しき身ながら心清《こころきよ》くこの女の異名《いみょう》を掃溜《はきだめ》お松といふにぞ或時塵塚《あるときちりづか》の歌ハ詠《よみ》たり是《これ》よりして其名《そのな》一時に高く實《げ》に珍らしき女なり　塵塚《ちりづか》のちりに交《まじ》はる松虫もこえは涼しき物と知らずや　柳亭梅彦《りゅうていうめひこ》」となっている。柳亭梅彦は、はっきりしないが、幕末から明治の戯作者《げさくしゃ》の四方梅彦のことであろうか。四方梅彦は初代の柳亭種彦の門人でもある。

なお、この「古今名婦傳」は、揃物《そろいもの》で、「小野小町《おののこまち》」「巴御前《ともえごぜん》」「常盤御前《ときわごぜん》」といったものから、「八百屋お七」「新町の夕霧」「遊女地獄」なども描いているが、何枚揃いなのか不明。

この絵は、最下級の女郎といっても教養のある女はいたということで、「はきだめに鶴」の譬《たとえ》に似せて、掃き溜めに、「於松」をあてている。

春遊十二時
寅ノ刻
豊國画

春遊十二時《はるあそびじゅうにとき》　寅ノ刻《とらのこく》

歌川豊国
安政３年

夜中の移動

口に御簾紙《みすがみ》をくわえ、トンボの付いた簪《かんざし》に天神髷《てんじんまげ》を結っているのは、遊女であろう。一人の客の勤めが終り、次の客に行く廻《まわ》し（一人の娼妓《しょうぎ》が一夜のうちに、順次に多くの客の相手になること）の途中であろうか。ちらりと、時計の方を見ている。草履《ぞうり》を履《は》いているが、外ではなく、室内であろう。草履も上《うわ》草履（室内用の草履）と思われる。着ているものは二崩《にくず》し縞《じま》に格子縞《こうしじま》の額縁仕立《がくぶちじたて》の部屋着で、岡場所風《おかばしょふう》になっている。

ただ、この絵が安政３年（１８５６）に描かれたことを考えると、前年の安政２年10月２日に起きた安政の大地震《おおじしん》で吉原《よしわら》が全焼したこともあり、吉原の仮宅《かりたく》（吉原遊廓《ゆうかく》が火災にあった時、一般人の居住地に仮営業を許可された臨時の遊里《ゆうり》）営業だったかもしれない。

吉原の火災は何度も全焼したことがあり、全焼すると幕府から仮宅営業が許可されて、浅草、深川などで吉原が再建されるまで営業が出来た。市街から近くて通《かよ》い易《やす》く、格式《かくしき》などにうるさくなかったので、むしろ売上げはよかったらしく、仮宅の経営者は喜んだという。

こま絵は寅ノ刻（夜中の午前３時から５時頃）頃に、妓楼《ぎろう》の不寝番《ねずのばん》が拍子木《ひょうしぎ》を叩《たた》いて、火の用心と時間を知らせるところであろう。遊女は眠る暇《ひま》なく忙《いそが》しく働いたのである。

木曽街道六十九次之内
上尾《あげを》
三浦の高雄
一勇斎國芳画
両國廣小路 林庄板

木曾街道六十九次之内《きそかいどうろくじゅうきゅうつぎのうち》　上尾《あげお》　三浦《みうら》の高雄《たかお》

一勇斎国芳
嘉永2〜3年

仙台高尾《せんだいたかお》の話

高尾は江戸新吉原京町《しんよしわらきょうちょう》一丁目、三浦屋四郎佐衛門抱《みうらやしろうざえもんかか》えの最高位の遊女である。高尾の名は代々継承され、7代とか11代とかいわれ、なかでも有名なのが、2代仙台高尾であろう。

歌川広重の「江戸名所百景《えどめいしょひゃっけい》　駒形堂吾妻橋《こまがたどうあづまばし》」でも書いたように、恋慕の手紙「君はいま駒形《こまがた》あたりほととぎす」の話のほかに、仙台藩主伊達綱宗《だてつなむね》が高尾を身請《みうけ》けして殺したという話もある。しかし、それは史実《しじつ》ではないだろうが、歌舞伎《かぶき》や浄瑠璃《じょうるり》などでは、「高尾物《たかおもの》」と呼ばれ、多数創作されたという。

こま絵は紅葉《もみじ》の形をした中に、上尾《あげお》の風景か。座敷の中で天秤《てんびん》に乗っているのは高尾である。綱宗が高尾を身請けする時に、高尾の体重と同じだけの小判を支払ったという話の場面で、天秤の片方に高尾、もう一方に千両箱が見えている。「上尾」は身体を持ち「上げ」るのに、かけただけであろう。

着物は牡丹《ぼたん》に孔雀《くじゃく》が描かれ、帯は有職紋《ゆうそくもん》か。簪《かんざし》は高尾に因《ちな》んだ紅葉である。

新吉原三浦屋《しんよしわらみうらや》の高尾《たかお》　頼兼君《よりかねぎみ》みうけの図

永嶋孟斎
明治9年

仙台高尾《せんだいたかお》と千両箱《せんりょうばこ》

永嶋孟斎《ながしまもうさい》は歌川芳虎《よしとら》のこと。「木曾街道《きそかいどう》六十九次　上尾《あげお》」と同じ、高尾の身請《みう》けの場面である。三浦屋の大広間で、高尾が天秤《てんびん》に乗って、体重と釣りあうだけの小判を頼兼君《よりかねぎみ》が載せたところ。

高尾は竜虎模様《りゅうこもよう》の打掛《うちかけ》に、紅葉模様《もみじもよう》の帯。髪型は横兵庫《よこひょうご》で二枚櫛《にまいぐし》である。右で盃《さかずき》を手にしているのは、身請けをした頼兼君である。ただ、着ている着物は竹模様、その上に羽織《はお》っている被布《ひふ》（着物の上にはおる衣服の一つ。羽織に似ているが、おくみが深く左右に合わせ、まるえりのもの）であろうか、雪持《ゆきも》ち笹《ざさ》に雀《すずめ》が描かれ、伊達家《だてけ》の紋《もん》に似ているところから伊達綱宗《だてつなむね》のつもりであろう。

三浦屋でも高尾の一世一代の晴れ舞台で、まわりにいる遊女たちも羨望《せんぼう》の眼差《まなざ》しで見ている。江戸時代を代表する遊女として、名を馳せた様子が伝わってくる。

また、この絵が全体に赤いのは、明治の錦絵の特徴であるアニリン染料の赤で、遊廓《ゆうかく》の華《はな》やかさを表現している。珍しいのは天井からぶら下がっている照明が、ガラスのシャンデリアのようで面白い。話の内容は江戸時代前期でも、設定は江戸末期から明治といったところかもしれない。

新吉原《しんよしわら》三浦屋《みうらや》の高尾《たかお》　**頼兼君《よりかねぎみ》みうけの図**

永孝孟斎画

今様《いまやう》美人《びじん》拾二景《けい》
東叡山寛永寺
うれしそう
渓斎英泉画
泉市板

今様美人拾二景《いまようびじんじゅうにけい》　東叡山寛永寺《とうえいざんかんえいじ》　うれしそう

溪斎英泉
文政５～６年頃

御殿女中《ごてんじょちゅう》の代参

巻物を開いた形のこま絵は、上野の寛永寺である。寛永寺は桜の名所であり、徳川家の菩提寺《ぼだいじ》であった。そこに御殿女中が御台所《みだいどころ》の代参《だいさん》で参詣《さんけい》するといった構図であろう。

久し振りに城外《じょうがい》への外出で、身嗜《みだしな》みのチェックも念入りである。大きな島田髷《しまだまげ》に大きな花簪《はなかんざし》、揚帽子《あげぼうし》も被《かぶ》っている。揚帽子は、髪に埃《ほこり》など付かないように被ったもので、御殿女中なども外出の時には使用した。左手で持っているのは楊枝《ようじ》なども入った懐中鏡《かいちゅうかがみ》で、髪の様子を見ている。口にくわえているのは、懐紙《かいし》であろう。化粧も完璧《かんぺき》である。

着物は光琳菊《こうりんぎく》が描かれ、帯は牡丹唐草《ぼたんからくさ》であろうか。若い娘らしい華やかで豪華な衣裳である。寛永寺に代参したあと、花見や芝居見物を楽しんだらしいが、それもまた心弾《こころはず》み、うれしいものである。

この「今様美人拾二景《いまようびじんじゅうにけい》」には、「うれしそう」のほかに「愛走がよさそう」「しんきそう」「苦がなさそう」「おてんばそう」「おとなしそう」「しづかそう」などがあり、人妻から若い娘までいろいろな美人を描いている。殆《ほとん》どの美人が文政頃に流行った笹色紅《ささいろべに》をしている。ただし、この御殿女中は懐紙で隠れて見えない。ただ、「しづかそう」に描かれた片外《かたはず》しの御殿城中も笹色紅であるので、たぶん同じであろう。

浅草奥山四季花園観梅遠景

浅草奥山四季花園観梅遠景《あさくさおくやましきはなぞのかんばいえんけい》　其三《そのさん》

歌川豊国
嘉永5年

御殿女中《ごてんじょちゅう》の花見《はなみ》

浅草奥山《あさくさおくやま》の花見の様子を描いたと思われるが、描かれている女性たちは、御殿女中たちであろう。

真ん中の揚帽子《あげぼうし》を被《かぶ》って、お歯黒《はぐろ》に眉無《まゆな》しの女性は御殿女中特有の髪型、片外《かたはづ》しを結って、黒地に沢潟模様《おもだかもよう》の打掛《うちかけ》を着ている。その隣にいるのはお姫様であろう。桜や牡丹《ぼたん》の描かれた豪華な衣裳を身にまとって、髪には大きな花簪《はなかんざし》が見えている。

左の中腰《ちゅうごし》の女性も片外しにお歯黒、そして眉無し。菊模様の豪華な打掛を着て、揚帽子を被っている。そして、右で手招きしている若い娘は、山の上から降りてくる女中たちを呼んでいるところだろう。

桜の花が咲き誇っている浅草奥山の散策《さんさく》で、遠く富士山も見えている。題箋《だいせん》に観梅《かんばい》とあるが、梅らしい花はなく、遠くに見えているのも桜の木であろう。浅草奥山は、見世物や料理屋、楊弓場《ようきゅうじょう》などが並んだ盛り場で、桜の花見もできるが、御殿女中が、このようなところへ繰《く》り出したのか、少し疑問ではある。

ところで、この「浅草奥山四季花園観梅遠景《あさくさおくやましきはなぞのかんばいえんけい》　其三《そのさん》」は、豊国の連作なのか、其一と思われる「浅草奥山四季花園入口光景《いりぐちこうけい》　其一《そのいち》」というのがある。そこでは奥山の桜を見に、辰巳芸者《たつみげいしゃ》といった粋筋《いきすじ》の女性たちが繰り出している様子が描かれている。たぶん豊国も、身分の違う女性たちを配置することで、奥山の四季のよさを表現したのかもしれない。

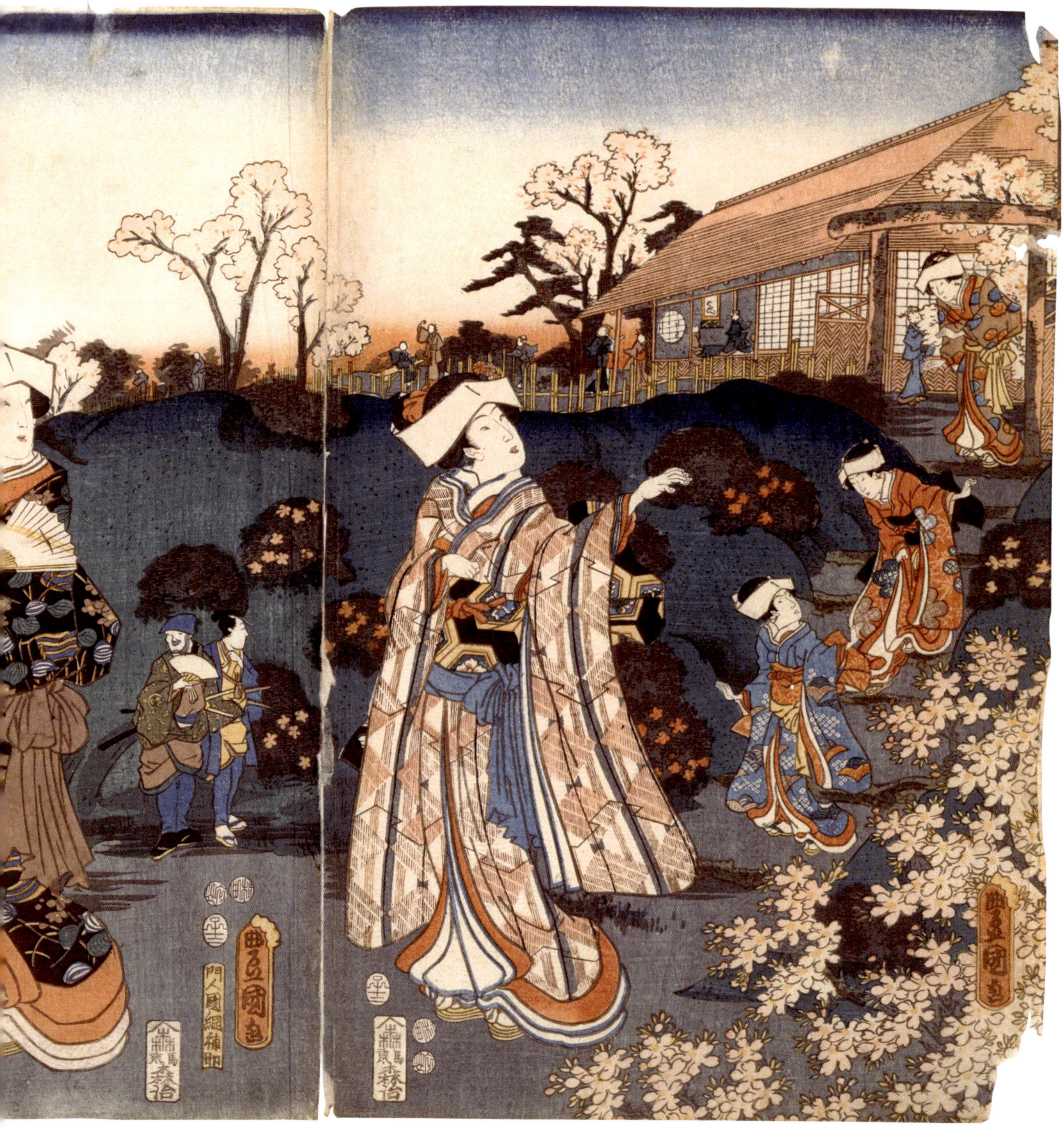

浅草《あさくさ》奥山《おくやま》四季《しき》花園《はなぞの》観梅《かんばい》遠景《えんけい》　其三《そのさん》

浅草奥山四季花園観梅遠景
其三

げんじ今様絵巻《いまようえまき》　あらひ

歌川国貞
安政５年

座敷《ざしき》の中の盥《たらい》

大きな盥で襟《えり》の辺《あた》りを洗ってもらっている女性は上半身裸《じょうはんしんはだか》である。髪型は武家階級の既婚女性が結った吹輪《ふきわ》なのか。口元にお歯黒《はぐろ》が見えている。白の小袖、亀甲模様《きっこうもよう》の帯、武家の女性という設定かもしれない。

盥、湯桶《ゆとう》、お盆や筆、剃刀《かみそり》などを入れる箱も黒漆《くろうるし》に葵《あおい》の葉が描かれている。また、左にいる幼い少女の持っている櫛台《くしだい》も同じ葵の模様で、セットになった道具であろう。櫛台には解《と》き櫛《くし》なども見えている。

糠袋《ぬかぶくろ》で、襟を洗っている若い娘は、桜に絞りの入った赤い着物。帯は黒に牡丹《ぼたん》のような花が描かれた竪結《たてむす》び。髪型は島田髷《しまだまげ》で花簪《はなかんざし》と後ろにびらびら簪《かんざし》を挿《さ》している。左にいる潰《つぶ》し島田《しまだ》の女性は、葵の葉の描かれた着物を手に持って、これから着替えの手伝いでもするところであろう。また、右端にいるのは、源氏香図《げんじこうず》の着物を着ている。これも柳亭種彦《りゅうていたねひこ》作、『偐紫田舎源氏《にせむらさきいなかげんじ》』（未完の長編合巻）の主人公、足利光氏《あしかがみつうじ》であろう。笹竜胆《ささりんどう》の紋の入った羽織を着ている。

部屋の様子は、床の間や掛け軸などもあり、松の描かれた屏風《びょうぶ》もある。一見《いっけん》、豪華なしつらえではあるが、御殿《ごてん》の中という雰囲気でもなく、遊廓《ゆうかく》の中の一部屋なのか、検討がつかない。というのも、左の二人は遊廓の女性のようでもあり、真ん中の二人は武家風とも見える。面白いのは、座敷の中の身支度《みじたく》の様子で、このようにして洗って貰ったのか。

それにしても、水やお湯が周《まわ》りにこぼれないか、変な心配をしている。不思議な絵である。

げんじ今様絵巻《いまようえまき》　あらひ

亀戸初卯祭

亀戸初卯祭《かめいどはつうまつり》

歌川豊国
安政元年

江戸の三美人

三美人の後ろに描かれているのは、亀戸天満宮《かめいどてんまんぐう》の境内にある亀戸妙義社《かめいどみょうぎしゃ》。毎月卯《う》の日に縁日が開かれていたが、正月初卯《しょうがつはつう》の日の詣《もう》では特に賑《にぎわ》ったという。神社では、卯の札という厄除《やくよ》けの神符《しんぷ》を授《さず》け、参詣人《さんけいにん》はこれを竹に挟《はさ》んで髷《まげ》の間に挿《さ》した。雷除《かみなりよ》けのお守りだったという。

帯に神符を挟んだ左の女性は兎唐草《うさぎからくさ》の前帯に縞の半纏《はんてん》、手に延煙管《のべきせる》を持っている。お歯黒《はぐろ》に笄髷《こうがいまげ》か、達磨《だるま》の付いた簪《かんざし》を挿している。既婚女性であろう。

真ん中の若い娘は、武家の娘かもしれない。大きなふくら雀《すずめ》のついた簪に島田髷《しまだまげ》。着物に「世紀《よき》」という文字が書かれ、琴柱《ことじ》と菊が描かれているので、「よきことをきく」という判《はん》じ物《もの》の模様《もよう》になっている。帯は蜀江文《しょっこうもん》で竪結《たてむす》び、胸元から箱迫《はこせこ》の鎖《くさり》が見えている。

右の粋《いき》な感じの女性は芸者であろうか。潰《つぶ》し島田《しまだ》に、初卯の土産《みやげ》である繭玉《まゆだま》の簪を挿している。翻《ひるがえ》って見えている中着《なかぎ》は、網《あみ》に酸漿《ほおずき》、黒の表着にも酸漿が描かれ、括《くく》り猿《さる》の紋が付いている。胸元《むなもと》には懐紙《かいし》入れが見え、帯は角《つの》だしという結び方か。

三人それぞれ身分、階級の差はあるが、それなりの衣裳と髪型、髪飾りが描かれている。いずれも初卯祭を楽しんでいるのだろう。緊張感のない、綺麗《きれい》な三美人である。

亀戸初卯祭《かめいどはつうまつり》

時世粧菊揃《いまやうきくそろひ》
左りがきく
一勇斎國芳画

時世粧菊揃《いまようきくそろい》　左《ひだ》りがきく

一勇斎国芳
弘化4年

女だてらに大酒

「時世粧菊揃」の「あさからよきことをきく」と同じで、いろいろな「きく」に因《ちな》んだものを描いた揃物《そろいもの》である。現在分かっているものだけで16枚ある。「左《ひだ》り」というのは、「左党《さとう》」と同じ、酒好きな人、ということだろうか。

いまにも解《ほど》けそうな髪型は「じれった結《むす》び」である。下級の女であろう。生《は》え際《きわ》の髪もほつれている。右手に盃《さかずき》を持って、もう飲めない、という仕草《しぐさ》であろうか。女だてらに、大酒《おおざけ》のみで、男と張り合っているところかもしれない。格子縞《こうしじま》の着物に、菊と桔梗《ききょう》の描かれた帯。小まん結びという結び方かもしれない。脇には、酒のつまみなのか、容器に入った食べ物と、割《わ》り箸《ばし》のようなものが見えている。下級の女とは書いたが、どことなく愛敬のある顔である。

上に書かれている文章は「くらむるにひとりかたきと目ざゝれて女なからもつよき太刀打　久の屋梅善」となっている。この久の屋梅善というのは、狂歌師・梅屋《うめや》のことで、姓は諸田氏、名は昇一、俗に龍之介と呼ばれた。寛政9年生まれか。国芳より4歳年下であったが、長年に及んで国芳の絵に多くの狂歌を寄せ、深く関《かか》わったという。国芳の絵に、梅屋など狂歌があることで、「時世粧菊揃」の絵も生きてくる。面白く、見るものがいかに楽しんだか、遊び心がわかるシリーズである。

婚禮之図

三定例之内《さんていれいのうち》　婚禮之図《こんれいのず》

一勇斎国芳
嘉永元年

嫁迎《よめむか》いのこと

三定例之内《さんていれいのうち》というのは、婚礼の儀式の中に三つの決まり事があるということであろうか。婚家に運びこまれた乗物から白無垢《しろむく》の花嫁が現れ、待女臈《まちじょうろう》（婚礼の際、戸口に立って新婦の到着を待ち、手をとって家に導き入れ、また付き添って世話をする女）が手を添えている。これから婚礼の儀式が始まる部屋にいくのだろう。被衣《かづき》をかぶり、その下からわずかに赤い丈長《たけなが》が見えている。

待女臈と左右に控えている女性二人、乗物の左右にいる女性たち、さらに奥の部屋にいる二人も髪型は御殿女中《ごてんじょちゅう》特有の片外《かたはづ》しである。眉が剃ってあり、お歯黒《はぐろ》をしているものもいるので、ある程度身分も高いのであろう。

花嫁の乗ってきた女乗物は黒漆《くろうるし》に唐草模様《からくさもよう》で、御簾《みす》（すだれ）や房《ふさ》、日覆《ひおお》い（ひよけ）の様子から、かなり身分の高いお姫様と思われる。また、御殿女中たちも絞《しぼ》りや刺繍《ししゅう》のしてある豪華な打掛《うちかけ》をまとい、花嫁ともども喜んでいるのだろう。顔に笑みが浮かんでいる。

江戸時代は夜（午後６時頃）輿入《こしい》れというのが普通だったので、部屋のあちこちに蝋燭《ろうそく》や燭台《しょくだい》が見えている。

白無垢《しろむく》は、これから婚家の色に染まります、という意味もあったらしい。花嫁の初々《ういうい》しさが伝わってくる。

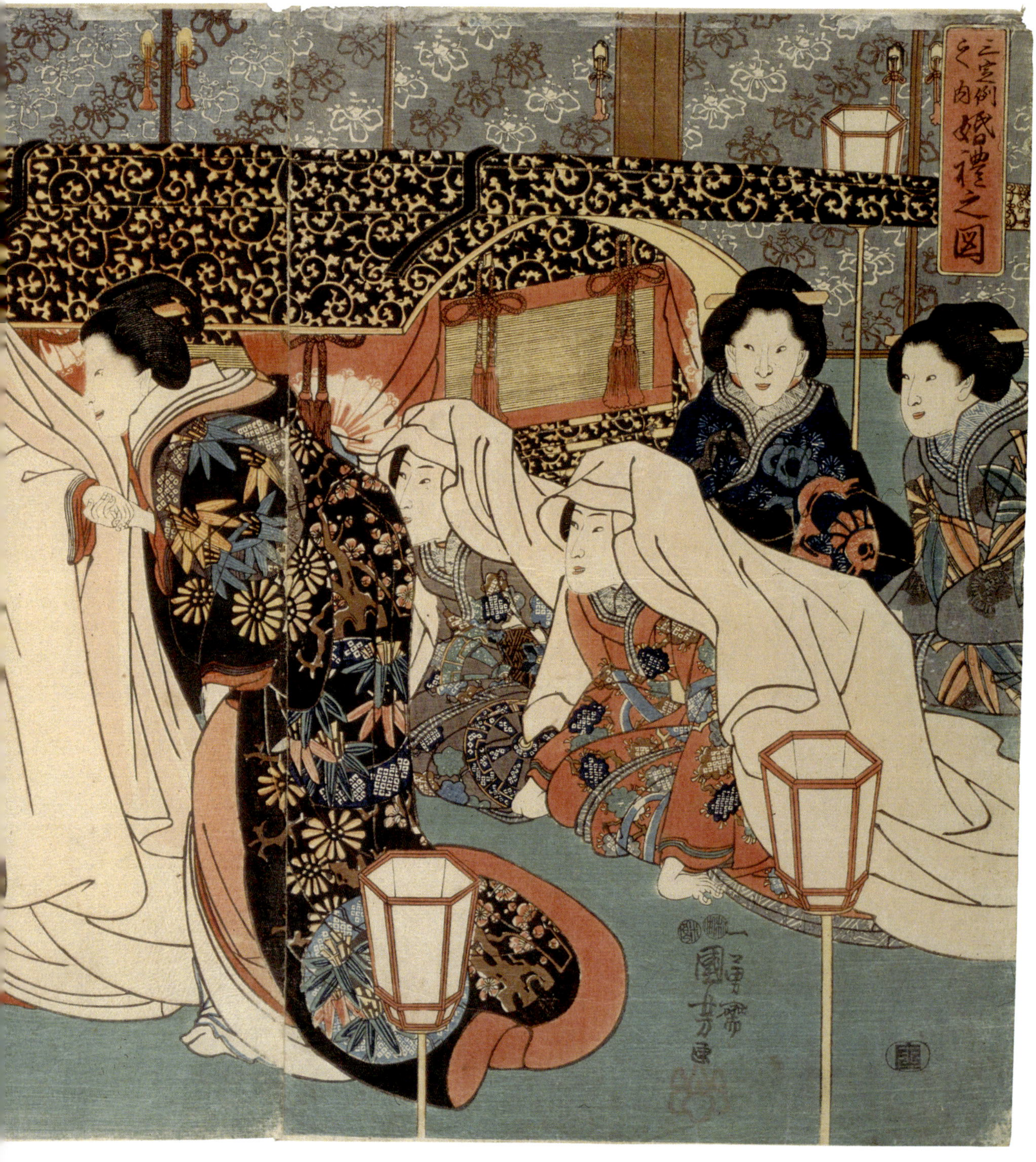

三定例之内《さんていれいのうち》　婚禮之図《こんれいのず》

一勇斎國芳画
一勇斎國芳画

源氏御祝言圖

源氏御祝言図《げんじごしゅうげんのづ》

歌川豊国
文久元年

和宮《かずのみや》と家茂《いえもち》

待女臈《まちじょうろう》に手を引かれ、花婿《はなむこ》の待っている部屋に入った花嫁である。白無垢《しろむく》ではあるが、帯は有職模様《ゆうそくもよう》の入った豪華なもので、吹輪《ふきわ》という髪型に桜の花簪《はなかんざし》、赤い丈長《たけなが》が華やかさを演出している。口元にはお歯黒《はぐろ》が見えているが、眉《まゆ》はまだ剃っていない。恥かしさもあり、うつむいて歩いている。

畳に手をついて花嫁の顔を見ている女性たちの多くは片外《かたはづ》しに結っている。高位の御殿女中《ごてんじょちゅう》であろう。お歯黒に眉を額《ひたい》の上部に小さく描いている。御殿女中たちは、普段は眉を剃ったままで、別の眉を描かないが、こういった儀式の時は描くのである。

中央には豪華な高砂《たかさご》の松の島台《しまだい》（洲浜台《すはまだい》の上に松・竹・梅に尉《じょう》・姥《うば》や鶴・亀などの形を配したもの蓬莱山《ほうらいさん》を模《も》したもの）が置かれ、手前の三方《さんぽう》には末永く祝うという、熨斗鮑《のしあわび》が置かれている。

この絵は、柳亭種彦《りゅうていたねひこ》作、『偐紫田舎源氏《にせむらさきいなかげんじ》』（未完の長編合巻）の源氏絵と呼ばれるものの一つで、左の男性は主人公、足利光氏《あしかがみつうじ》であろう。また、文久２年（１８６２）というのは、和宮降嫁《こうか》の年であり、その様子を描いて売り出したかったのであろうが、大奥の風俗を描くことが禁止されていたため、源氏絵に託したと思われる。江戸幕府最後の儀式であったが、新しい時代がすぐ目の前に来ていたことは、この絵からは想像できない。

華やかなだけになぜか儚《はかな》い気もする。

源氏御祝言図《げんじごしゅうげんのづ》

豊国画
彫工松嶋政吉

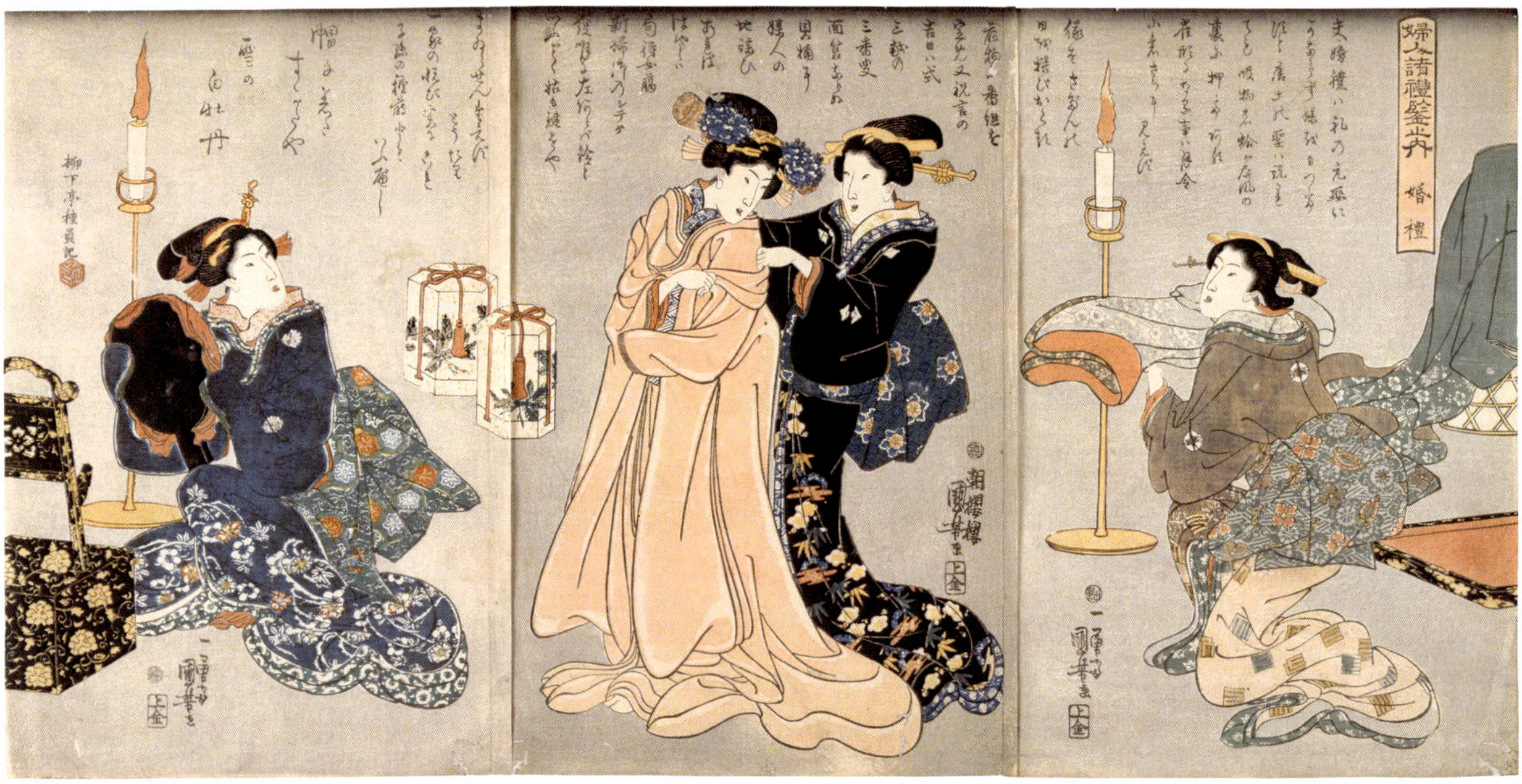

婦人諸禮鑑之内《ふじんしょれいかがみのうち》　婚禮《こんれい》

一勇斎国芳
弘化頃

町家の婚礼

この絵は、「三定例之内婚礼之図《さんていれいのうちこんれいのず》」や「源氏御祝言之図《げんじごしゅうげんのず》」の上流階級の婚礼図とは違って、富裕な商家の婚礼といったところだろう。

白無垢《しろむく》の花嫁は既《すで》にお歯黒《はぐろ》をして、髪型は丸髷《まるまげ》。大きな花簪《はなかんざし》を挿《さ》している。側《そば》で打掛《うちかけ》に手を掛けている丸髷の女性は仲人《なこうど》であろうか。中着《なかぎ》は松葉、上着は竹梅に対嘴合《ついくちばしあ》い雁金《かりがね》の五《いつ》つ紋、帯は万字繋《まんじつな》ぎに花が描かれている。

左にいる島田髷《しまだまげ》の娘は、黒い大きな柄鏡《えかがみ》を持っている。梅、桜、紅葉などが描かれた着物に横見菊《よこみぎく》に抱《だ》き菊《ぎく》の葉《は》の五つ紋、亀甲唐花模様《きっこうからはなもよう》の帯を締めている。

着物を持っている右の女性は、源氏香図《げんじこうず》の着物に対《むか》い蝶の五つ紋、万字繋《まんじつな》ぎの地に有職紋《ゆうそくもん》の描かれた帯を締めている。髪型は既婚者の結う両輪髷《りょうわまげ》に結っている。髱《たぼ》が後ろに出る髪型は、江戸中期流行したもので、江戸末期の弘化頃に登場しているのは、少し不自然である。

上の文章は「それ婚礼は礼の元嫁《よめとり》にかならず媒《なこうど》をもつてすと唐土の聖は説《とか》れても吸物の蛤《はまぐり》が屏風の裏におしてある雀形になる事は月令にもさらに見えず縁をさだんの日を結びおくる荷物の番組を定め又祝言の吉日は式三献《しきさんこん》の三番叟面筥《さんばそうはこ》ならぬ貝桶《かいおけ》に媒人《なこうど》の地謡ひあればはやしは局待女臈《つぼねまちじょうろう》新婦御乃シテが発明に左あらば鈴といふごとく姑《しゅうとめ》も鍵をやまいらせんたえずとうたり一家の悦び実《げ》にこれ子孫の種蒔ともいふべし　帽子着たすがたや雪の白牡丹《はくぼたん》柳下亭種員《りゅうかていたねかず》記」となっている。

大きな蝋燭《ろうそく》、豪華な鏡台《きょうだい》、貝桶など武家に負けないくらい立派な婚礼である。

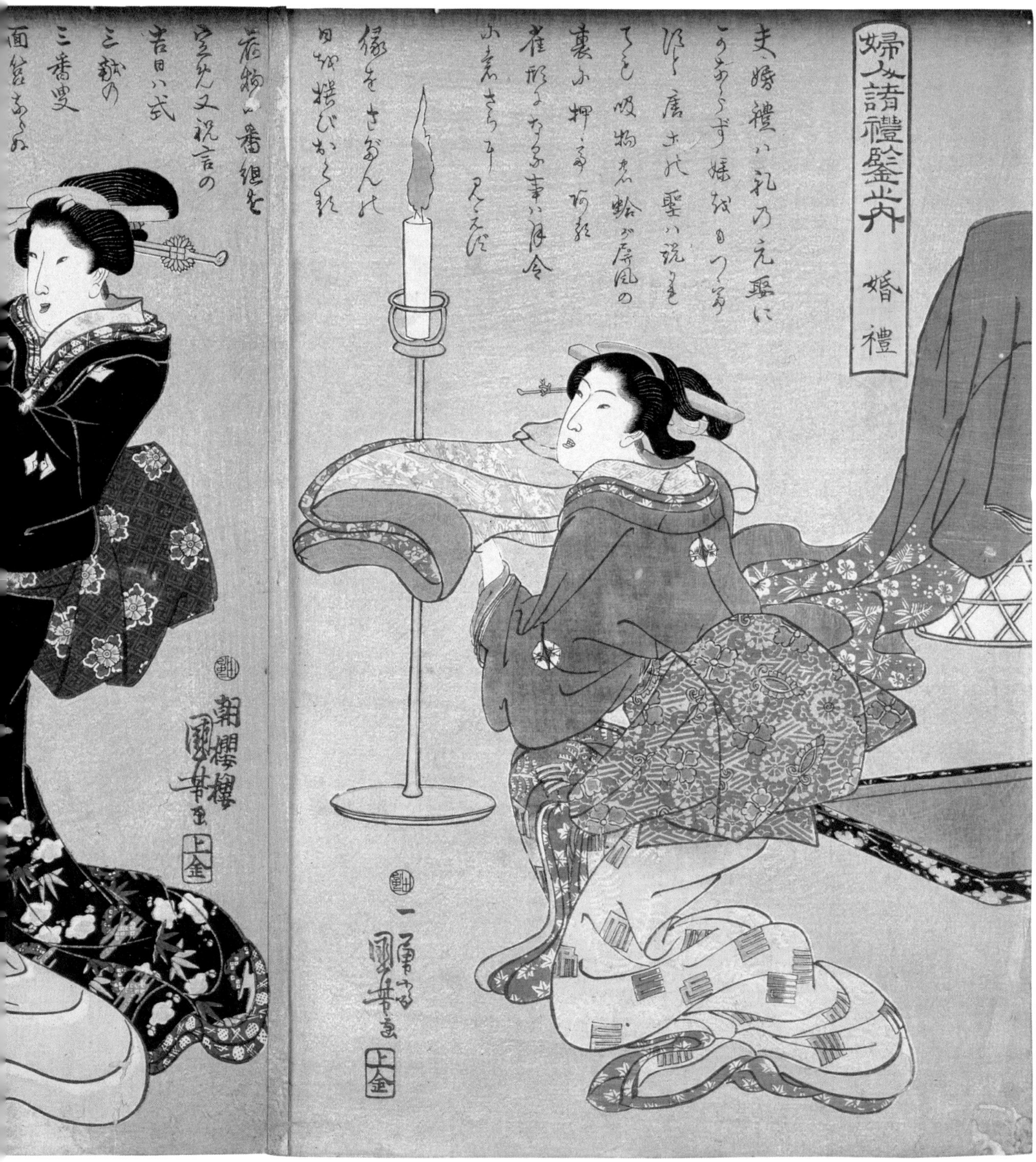

婦人諸禮鑑之内《ふじんしょれいかがみのうち》　婚禮《こんれい》

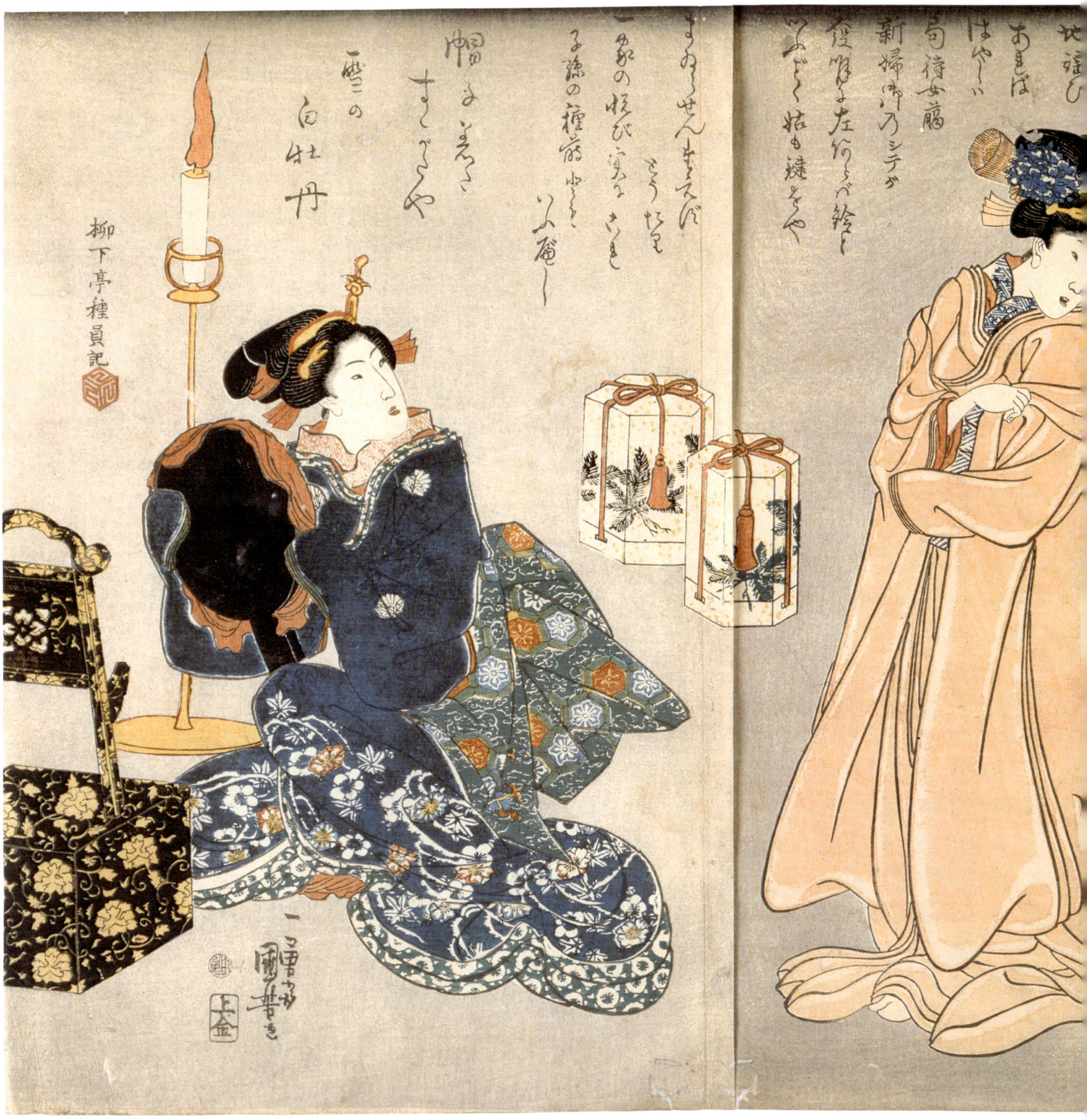
柳下亭種員記

婚礼色直し之図

婚礼《こんれい》色直《いろなお》し之《の》図《ず》

一勇斎国芳
弘化4年

歌麿《うたまろ》の絵柄借用《えがらしゃくよう》

式三献《しきさんこん》、三々九度《さんさんくど》の儀式がすむと、花嫁は綿帽子《わたぼうし》を脱ぎ、婿方《むこがた》から贈られた色物《いろもの》の小袖に着替えるのだが、室町時代は白無垢姿《しろむくすがた》で二日間過ごしたという。しかし、江戸時代になると、式三献がすむとすぐに着替えたこともあったらしい。

中央にいる花嫁に手を貸しているのは仲人《なこうど》であろうか。お歯黒《はぐろ》に眉無《まゆな》し。紫のぼかしの地に菊の裾模様《すそもよう》、桐《きり》の五つ紋が描かれている。帯は青海波花紋《せいがいははなもん》で、髪型は既婚者の結う両輪髷《りょうわまげ》であろう。また、紋の入った江戸褄《えどづま》らしい着物を着た女性たちは、いずれも既婚者で丸髷《まるまげ》にお歯黒をしている。

そして、左端で蝋燭《ろうそく》の芯《しん》を切ったり、右端の袖を口に当てている若い娘は島田髷《しまだまげ》に赤い手絡《てがら》を掛けた結綿《ゆいわた》に結い、帯は竪結《たてむす》びである。

後ろの衣桁《いこう》に掛《か》けられた豪華な衣装や屏風《びょうぶ》、手前にある大きな鏡が掛けてある姿見《すがたみ》など、これも富裕《ふゆう》な商家といったところであろう。よってたかって周《まわ》りの女性たちが、きゃあきゃあ言いながら世話を焼いている。

ちなみに、この構図は歌麿の「婚礼色直し之図」とほとんど同じで、絵柄を借用したものであろう。こういった絵柄借用はよく行われていたらしいが、そういえば、どことなく歌麿の描いた美人の顔に似ている。

婚礼色直《こんれいいろなお》し之《の》図《ず》

一勇齋
國芳画
朝櫻楼
國芳画

第3章

江戸美人図鑑

江戸名所百人美女〈揃物〉

35点

江戸名所百人美女

「江戸名所百人美女《えどめいしょひゃくにんびじょ》」は、安政4年11月から安政5年の5月にかけて出版されたもので、美人画は豊国《とよくに》が描き、こま絵は門人《もんじん》であり、豊国の三女の婿《むこ》でもある歌川国久《うたがわくにひさ》が担当している。「百人美女」は、上は大名の姫君から下は夜鷹《よたか》まで登場し、奥女中《おくじょちゅう》、遊女《ゆうじょ》、芸者《げいしゃ》、町女房《まちにょうぼう》など名所《めいしょ》と関連付けて描いたのであろうが、いまとなってはこの関連が分からないものもある。

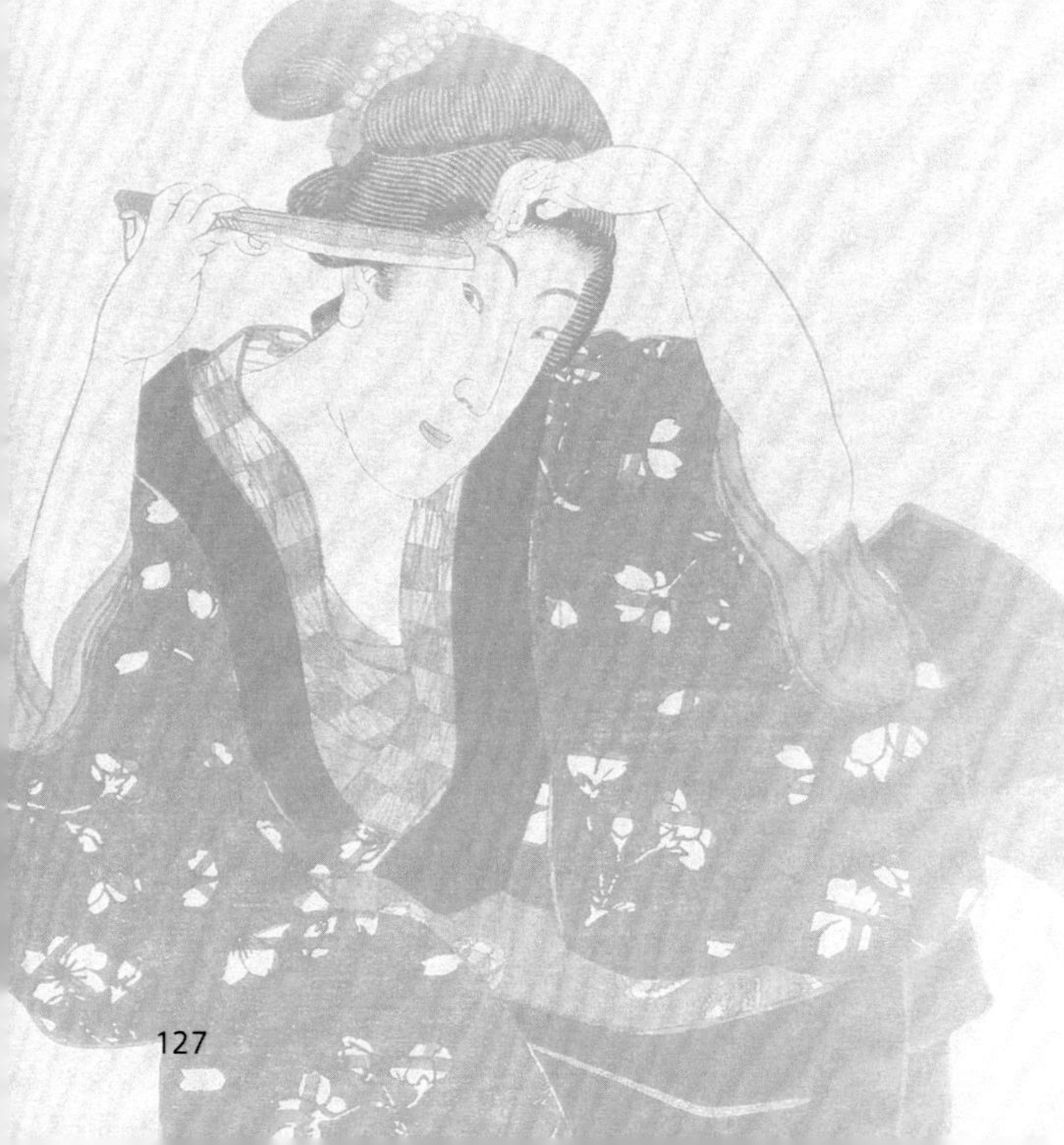

江戸名所
百人美女
葵坂
豊国画

江戸名所百人美女　葵坂《あおいざか》

三代歌川豊国
安政4年

葵坂《あおいざか》

この葵坂は、赤坂溜池《あかさかためいけ》の端《はし》から外の方へ下る坂で、もとは葵を植えたところから来た名前である。広重の「江戸名所百景《えどめいしょひゃっけい》」では「虎の門外あふひ坂」となっていて、坂の南にそったところは松平肥前守《まつだいらひぜんのかみ》の中屋敷《なかやしき》があるなど、武家屋敷が多く描かれている。滝のように見えるのは、溜池《ためいけ》のせき止められた水が流れ落ちるところ。「どんどん」ともいわれた。現在は葵坂もこの堰《せき》もない。明治以降、平地になったという。手前の屋根は虎の門の金比羅宮《こんぴらぐう》の社殿《しゃでん》と幟《のぼり》であろう。

門附《かどづけ》の女太夫

菅笠《すげがさ》を被《かぶ》っているのは門附の女太夫《おんなだゆう》である。菅笠を被り浄瑠璃《じょうるり》などを語りながら三味線《しゃみせん》を弾《ひ》いて門附をした。赤緒《あかお》の菅笠の下は島田髷《しまだまげ》が見えている。まだ若い娘であろう。右足の甲《こう》の上に三味線の胴《どう》を置いて、糸巻《いとまき》で糸を調整している。また、門附をして回るのに着物の裾《すそ》が邪魔《じゃま》にならないように、赤いしごき帯をきゅっと結び、帯にも赤い帯締《おびじ》めが見えている。

ところで、江戸時代末期に書かれた『守貞謾稿《もりさだまんこう》』によると、女太夫は「平日菅笠正月十五日前編笠《あみがさ》ヲ着ス衣服帯《いふくおび》トモニ表裡《おもてうら》木綿也襦袢《じゅばん》半襟袖口腰帯等ハ絹縮緬《きぬちりめん》ヲモ用ユ手甲ハ縞木綿ヲ用フ」とある。平日は菅笠であるが、正月元旦から十五日までは編笠を被ったらしい。その編笠姿が同じ「江戸名所百人美女」の赤羽橋水天宮《あかばねばしすいてんぐう》に描かれている。川柳《せんりゅう》に「うつむいたように鳥追《とりおい》かむるなり」という句がある。前に傾《かたむ》けて笠を被《かぶ》ったので、顔がちらっと見えるところが色っぽく見えたのかもしれない。

江戸名所
百人美女
豊国画

江戸名所百人美女

浅草《あさくさ》すハ丁《ちょう》

三代歌川豊国
安政５年

浅草諏訪町《あさくさすわちょう》

こま絵にある浅草諏訪町は今の駒形１丁目から２丁目あたりで、「寛文図《かんぶんず》」に「すハ丁」とあるので、かなり古くからあったようだ。諏訪町の町名の由来は、町内にある諏訪神社《すわじんじゃ》に因《ちな》んでつけられたという。そして、夏目漱石《なつめそうせき》が幼年時代を過ごした町でもあった。

暖簾《のれん》のかかっている店は、白粉《おしろい》や紅《べ》粉《に》を扱っていた紅粉屋諫蔵《べにやかんぞう》の店である。屋号の宝結《たからむす》びの紋《もん》と、足元にある「御うす化しやう　紅粉屋諫蔵」と書かれた白粉包《おしろいづつ》みは、文政７年（１８２４）に発行された『江戸買物独案内《えどかいものひとりあんない》』で確認できる。さらに、こま絵をよく見ると、屋号の暖簾の間に赤い暖簾もかかっている。これは紅粉を扱っているのを示し、店の前にあるのは白粉屋の看板である。この絵が描かれた安政５年（１８５８）まで、繁昌《はんじょう》していたのだろう。その後については、詳しく書かれたものがない。ただ、花咲一男編『江戸の化粧品小間物店其他』に、「大正５年冬廃業」と書かれている。そうであれば１００年近く商売をしていたことになる。老舗《しにせ》の一つでもあった。

爪《つめ》を切る遊女

上半身裸《じょうはんしんはだか》で肩に手拭《てぬぐい》を掛《か》けているのは遊女であろうか。唐人髷《とうじんまげ》（遊女の髪型、横兵庫《よこひょうご》から変化した髷《まげ》で、髷の根の低いもので、天保以後に結われた）に珊瑚《さんご》の玉簪《たまかんざし》、前髪に櫛《くし》を挿《さ》しこんでいる。

手に持っているのは、鈴のついたにぎり鋏《ばさみ》で、爪を切っているところ。このような大きなにぎり鋏で爪を切っている図柄は、渓斎英泉《けいさいえいせん》の「今様美人十二景《いまようびじんじゅうにけい》―金龍山浅草寺愛走《きんりゅうざんせんそうじあいそう》がよさそう」や「美人東海道―藤枝驛廿三《ふじえだえき》」にもある。現在使われているばね式の爪切りは、近代に入ってから作られたのだろう。足元には白粉包《おしろいづつ》みのほかに、小さな羽子板《はごいた》のような形をしているのは爪ヤスリと思われる。脱いで置いてある亀甲模様《きっこうもよう》の着物には、七宝模様《しっぽうもよう》のような家紋《かもん》が描かれている。大きな牡丹模様《ぼたんもよう》の浴衣《ゆかた》を着て、爪を切っている様子は、なにげない日常の姿であるが、浮世絵師には女らしく映ったかもしれない。

江戸名所
百人美女
豊国画

江戸名所百人美女　あさぢがはら

三代歌川豊国
安政５年

浅茅《あさじ》が原

こま絵の浅茅が原は、浅草橋場《あさくさはしば》の総泉寺門前《そうせんじもんぜん》一帯の原野をいった。松林のようなところに大きな地蔵菩薩《じぞうぼさつ》が見え、はるか遠くに吉原《よしわら》の櫓《やぐら》を組んだ屋根が見えている。吉原は火災が多かったので、用水桶《ようすいおけ》と防火用具を常備し火事に備えたのである。

神仏《しんぶつ》に手を合わせているのは遊女であろうが、地蔵菩薩も見えているので千住宿小塚原《せんじゅしゅくこづかっぱら》あたりの飯盛女《めしもりおんな》かもしれない。

手を合わせて、なにを願う

部屋の中にある神棚《かみだな》に、天神髷《てんじんまげ》を結って両手を合わせて拝《おが》んでいるのは、前述したように遊女であろう。少し開いた口元にはお歯黒《はぐろ》が見えている。若い娘のように、小さく括《くく》った前髪が左右に撥《は》ねているが、顔つきから少し年増《としま》かもしれない。

着ている打掛《うちかけ》は源氏香図《げんじこうず》の模様が赤い絞《しぼ》りのように描かれ、額縁仕立《がくぶちじたて》のように袖口《そでぐち》と裾回《すそまわ》しの部分に片輪車《かたわぐるま》と葵《あおい》が描かれている。顔は上品には見えないが、打掛《うちかけ》の模様が源氏物語に因《ちな》んでいるようにみえるのが、なにかアンバランスで面白い。中着《なかぎ》の裾模様《すそもよう》は梅であろうか。なにを願って手を合わせているのか分からないが、そっと聞いてみたい気もする。

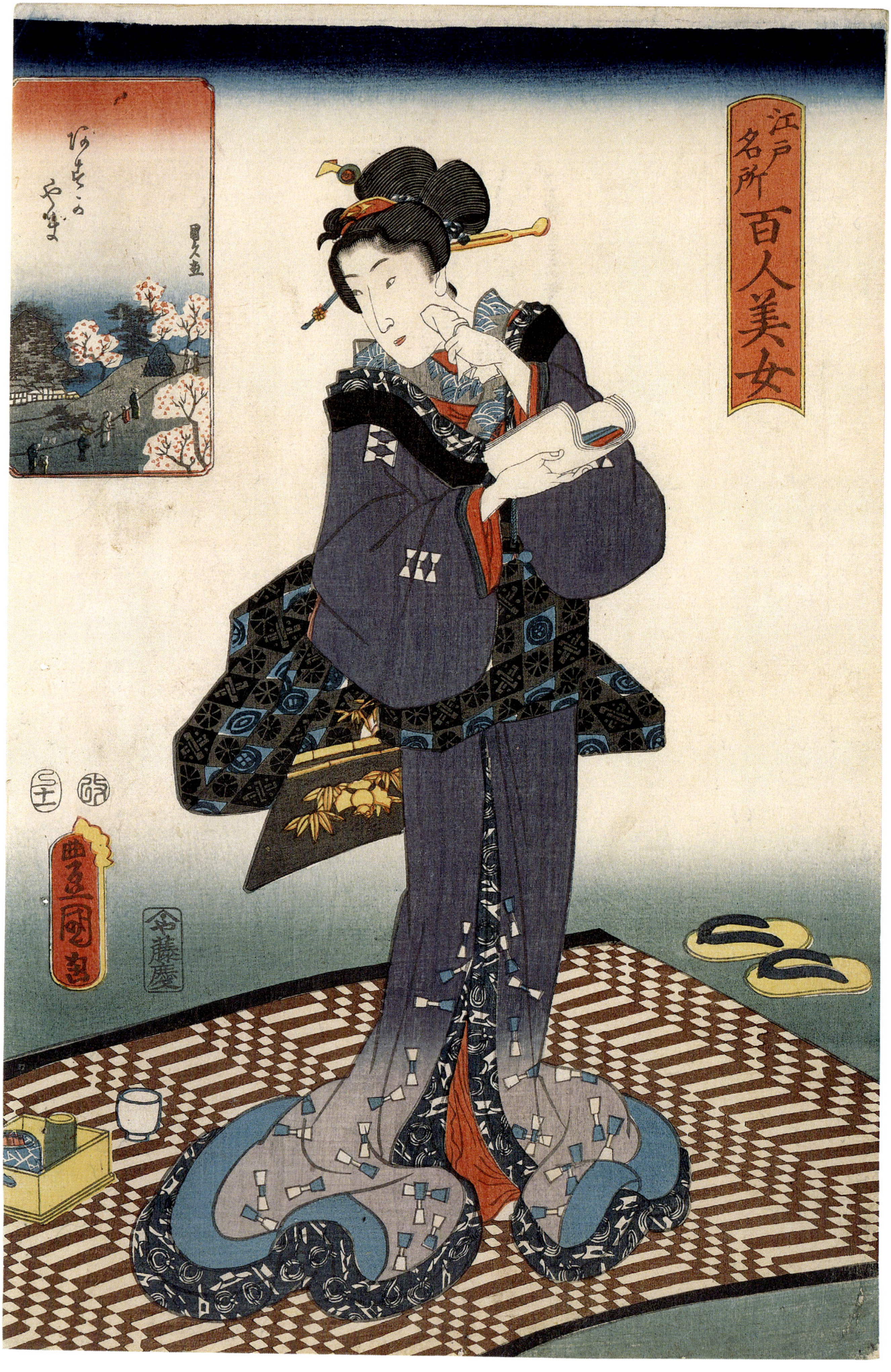
江戸名所百人美女

江戸名所百人美女　あすかやま

三代歌川豊国
安政４年

飛鳥山《あすかやま》

　こま絵の飛鳥山（北区王子一丁目）は、江戸時代から桜の名所で、飛鳥神社《あすかじんじゃ》が祀《まつ》られていたために、付けられた地名である。元文３年（１７３８）、八代将軍吉宗がこの地を権現《ごんげん》の別当金輪寺に寄付し、桜を植えて庶民に開放した。

　広重の「江戸名所百景」にも、この飛鳥山が描かれ、遠くには筑波山《つくばさん》も見えている。よほど眺《なが》めがよかったのだろう。

　飛鳥山に桜を植え始めたのは享保５年（１７２０）からで、その時は桜２７０本、楓《かえで》１００本、松１００本だったが、翌６年には、桜の苗木１０００本を増殖したという。飛鳥山は花見客が土器《かわら》投げをしたり、王子稲荷《おうじいなり》にも近く、山下（上野）に水茶屋《みずぢゃや》なども多かったので、大いに賑《にぎわ》ったという。ただ、川柳《せんりゅう》に「飛鳥山毛虫《あすかやまけむし》になって見限《みかぎ》られ」という句がある。葉桜《はざくら》になると毛虫が多くなって、行楽客も少なくなったのであろう。

　今でも、飛鳥山は花見の名所で、多くの人々が集まるところである。

花見の化粧直し

　左手に懐紙《かいし》を巻き、右手に懐中鏡《かいちゅうかがみ》を持っているのは、長唄《ながうた》の師匠《ししょう》かもしれない。というのは、着物の紋が「三つ並び杵《きね》」で、長唄家元杵屋家《ながうたのいえもときねやけ》の家紋《かもん》と同じだからである。また、中着《なかぎ》の模様《もよう》も長唄には切っても切り離せない、三味線の駒《こま》（胴と弦《つる》との間に挟《はさ》んで弦をささえるもの）と、糸をぐるぐると巻いたものが描かれている。

　長唄を習っている一行と花見に繰《く》り出したのだろう。若い娘のように前髪を小さく括《くく》り、粋《いき》な天神髷《てんじんまげ》を結っている。青海波《せいがいは》の襦袢《じゅばん》の襟《えり》、着物はぼかした色合いに前述した杵《きね》の模様が裾《すそ》の方に散りばめてあり、帯は宝巻模様《ほうかんもよう》に「竹に脹《ふく》ら雀《すずめ》」が描かれている。そして、足もとは花茣蓙《はなござ》が敷いてある。

　ちょっとした化粧直しであろうが、懐中鏡《かいちゅうかがみ》を懐紙に巻き、すぐにつかえるようにしていた。女の身嗜《みだしな》みには欠かせない道具でもある。

江戸名所
百人美女
豊国画

江戸名所百人美女　いひ田まち

三代歌川豊国
安政５年

飯田町

　こま絵の飯田町は、江戸城の東北に位置する地域で、田安御門《たやすごもん》の外、九段坂通りの北に町屋があり、中坂通りを挟《はさ》んでいる飯田町近辺はほとんど武家屋敷である。そういえば、こま絵に描かれている人物も裃姿《かみしもすがた》の武士らしきものも見える。左下に見えているのは雉子橋《きじばし》から入った堀があり、その堀留《ほりどめ》のところであろう。古くは千代田村といって田安あたりから続いた田畑であったらしい。徳川家康が入国したころ、田安辺りへ御成《おな》りの時に、村の飯田喜兵衛《いいだきへい》という者が、この地の概況《がいきょう》を説明したことから、名主《なぬし》を命じられた。町名は名主の名からついたという。

お茶を点《た》てる娘

凛《りん》とした姿で立っているのは、武家の娘であろう。花の両天簪《りょうてんかんざし》に高島田《たかしまだ》。着物は花松皮菱模様《はなまつがわびしもよう》で、豪華な唐花文《からはなもん》の帯を平十郎結《へいじゅうろうむす》び（女形・村山平十郎によって流行したもの）という竪結《たてむす》びにしている。

右下に見えるのは、茶碗《ちゃわん》、茶筅《ちゃせん》、茶杓《ちゃしゃく》などが見えているので、お茶を点てるところ。右手に持っているのは、柄杓《ひしゃく》と蓋置《ふたお》き。左手は、建水《けんすい》（茶を入れるときに使用する道具の一つ。茶碗を清めたり、温めたりした湯や水を捨てるときに使う）で、帯の下に挟んであるのは帛紗《ふくさ》である。

　武家の娘となれば、教養の一つとして茶道なども心得ていなければならない。赤い帯締《おびじ》めと、桜が描かれた赤い中着《なかぎ》が若い娘らしい。

　この絵を見ると、なぜか背筋が伸びる気がする図柄である。

江戸名所
百人美女
今川
国久画
豊国画

江戸名所百人美女　今川《いまがわ》はし

三代歌川豊国
安政５年

今川橋《いまがわばし》

　こま絵の今川橋は、「切絵図」で見ると、日本橋通りの北の方、本銀町《ほんしろがねちょう》から内神田へ渡す位置にある。『江戸砂子《えどすなご》』（１７３２）によると、天和《てんな》頃に架《か》けられた橋で、その時の名主が今川氏であったことからついた名前らしい。橋下の堀（神田堀という）は、殆《ほとん》ど埋《う》め立てられて、細い溝《みぞ》になったという。

　この辺《あた》りは瀬戸物屋が多かったらしく、文政７年（１８２４）に出された『江戸買物独案内《えどかいものひとりあんない》』にも、今川橋の瀬戸物問屋の名前が何軒か載っている。また、天保５～７年（１８３４～３６）に出された広重の『江戸名所図会《えどめいしょずえ》』にもその様子が描かれている。人の行き来も多く、賑《にぎわ》っているが、安政５年（１８５８）の、この絵には、瀬戸物らしきものは描かれていない。20年近くたって扱う店も減ったということであろうか。

洗髪《せんぱつ》（髪を洗う）

　上半身裸で、金盥《かなだらい》に水を張り、解《と》き櫛《くし》で髪をほぐしながら洗っているのは、若い娘であろうか。白い肌が印象的である。洗髪に使う櫛と、髪を結い上げるのに使う櫛は別物で、これらの櫛は洗髪用であろう。花模様の糠袋《ぬかぶくろ》、櫛払《くしはら》い、手拭《てぬぐい》なども見えている。

　江戸時代の女性が髪を洗うのは一週間から十日に一回で、夏場のように汗《あせ》をかいたうえ、髪油《かみあぶら》の匂《にお》いと混ざったような時は、不海苔《ふのり》にうどん粉を混ぜたもので洗った。亀甲模様《きっこうもよう》のような着物に麻《あさ》の葉模様《はもよう》が絞《しぼ》ってある帯を締《し》めている。

　この髪を洗う仕草《しぐさ》の絵は、豊国が五渡亭国貞《ごとていくにさだ》と名乗っていた時代の「江戸自慢　駒込冨士参り」と同じで、江戸自慢の方は、背中に小さな子供が乗っている母親を描いている。細部を比較してみると、江戸自慢の方は、母親のお腹のあたりまで描かれ、でっぷりとした感じであるが、この「今川橋」は、意識して若い娘を登場させている。黒くて長い髪、腕や肌の白さが際立《きわだ》った一枚である。

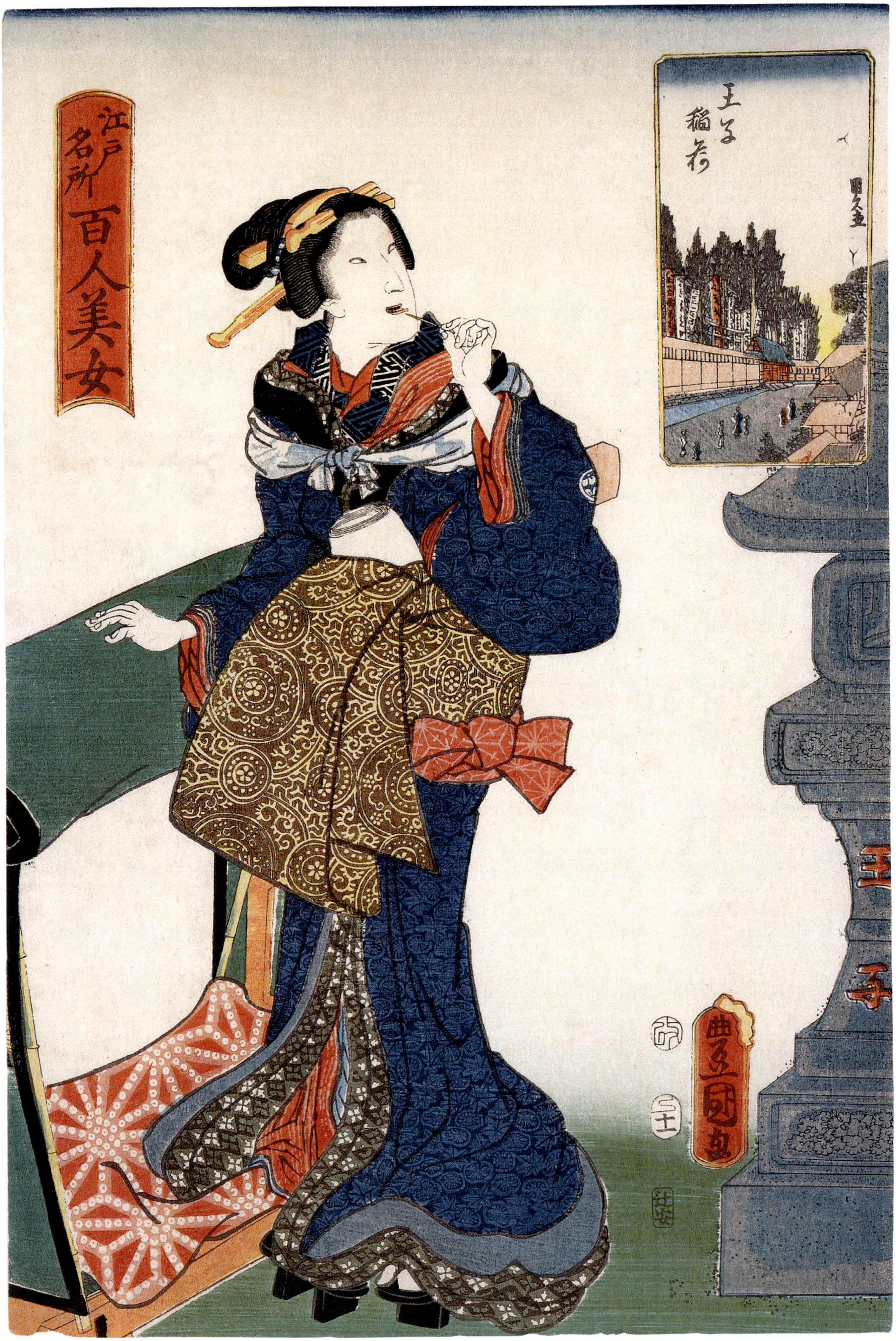
江戸名所 百人美女
王子稲荷
豊国画
王子

江戸名所百人美女　王子稲荷《おうじいなり》

三代歌川豊国
安政４年

王子稲荷《おうじいなり》

　こま絵の王子稲荷は、王子村にあり、もとは岸稲荷《きしいなり》ともいった。社記《しゃき》（神社の概略・概要を記したもの）によると、「康平年中、源頼義、奥州追討のみぎり、深く当社を信仰し、関東稲荷総司と崇《あが》む」とあるので、古くからある稲荷であることがわかる。江戸時代の王子は、徳川家の鷹狩《たかが》りの場であったが、文化、文政頃（１８０４～１８３０）から、王子稲荷が繁昌《はんじょう》し、とくに午《うま》の日の参詣《さんけい》は賑《にぎわ》ったが、人家はわずかで全くの農村だったという。

　ただ、飛鳥山から王子道に沿って扇屋《おうぎや》、海老屋《えびや》という料理茶屋があって有名だったが、扇屋は武家、海老屋は町人の客が多かったようだ。

女房の外出

　駕籠《かご》に手をついているのは、商家の妻女《さいじょ》といったところか。結婚して子供がいる証拠のお歯黒《はぐろ》に眉なし。髪型も既婚《きこん》女性の結う「しの字髷《まげ》」である。菊と紅葉《もみじ》が地紋のようになっている紺地《こんじ》の着物には、袖《そで》に割花菱紋《わりはなびしもん》が描かれている。帯は、ひげ唐草《からくさ》や毘沙門亀甲《びしゃもんきっこう》などが描かれた豪華な有職紋《ゆうそくもん》で、前に結び、懐紙《かいし》を挟《はさ》みこんでいる。また、歩きやすさとお洒落《しゃれ》をかねて、赤い麻の葉模様のしごき帯も結んでいる。

　王子稲荷に参詣《さんけい》し、料理茶屋の海老屋あたりで食事でもした後であろう。口元に楊枝《ようじ》が見えている。肩に掛《か》けているのは手拭《てぬぐい》で、埃除《ほこりよ》けに頭などにも被《かぶ》った。

江戸名所
百人美女
大川橋
国久画
豊国画

大川橋　里俗吾妻《りぞくあづま》はし

三代歌川豊国
安政4年

大川橋

こま絵の大川橋は、吾妻橋《あづまばし》の別称で、浅草中心に近い橋である。『武江年表《ぶこうねんぴょう》』によると、安永3年（1774）の条に、「大川橋始めて掛る（俗に吾妻橋と云ふ　十月十七日、渉《わた》り始め）」と書かれている。隅田川《すみだがわ》四大橋の一つである。この橋は、両国橋とは違って町人の手で作られたところに特徴があり、武家を除いた往来の人たちから一人二文の渡銭《わたりせん》をとって、修理や新規かけ替えの費用とした。

また、描かれている二人の女たちは夜鷹《よたか》といわれる最下級の遊女であるが、右の女の持っている番傘に書かれているのは「吉田」という文字のように見える。吉田というのは本所吉田町《ほんじょよしだちょう》のことで、街娼夜鷹《がいしょうよたか》の巣窟《そうくつ》として有名だった。安永3年に書かれた洒落本《しゃれぼん》の『婦美車紫鹿子《ふみぐるまむらさきかのこ》』に「此浄土、入江町にかわる事なし。もしも通りかかりつかまへらるると雷がなつてもはなさずおそろしき処也…」とある。夜鷹がお客を捕まえたら離さないというのである。吾妻橋の辺りまで商売に出てきたところであろう。

夜鷹

豆絞《まめしぼ》りの手拭《てぬぐい》を被《かぶ》っている島田髷《しまだまげ》の女と、頭巾《ずきん》を被った女はいずれも夜鷹と呼ばれた最下級の遊女である。切売《きりうり》といって、時間を限って体を売っていたが、左の夜鷹は手拭を被っていなければ、黒の着物に宝尽しの帯、臼《うす》の目小紋《めこもん》の中着《なかぎ》を着たところは、最下級の遊女とは見えない。ただ、右の頭巾を被った遊女は、弁慶縞《べんけいじま》の綿入袢纏《わたいれはんてん》のようなものを着て顔つきも悪く、いかにもといった感じである。

夜鷹は、黒い着物を着て、手拭を吹流《ふきなが》しにして、その端を口にくわえ、莫蓙《ござ》を抱えるか、番傘を持った姿が定番《ていばん》らしい。喜多川歌麿や、渓斎英泉《けいさいえいせん》、歌川広重などが描く夜鷹も、同じ様な姿で描いている。最下位の遊女とはいえ、百人美女に取り上げたのは、豊国好みの美人がいたのであろうか。実際のところ、あまり美人はいなかったという話もある。

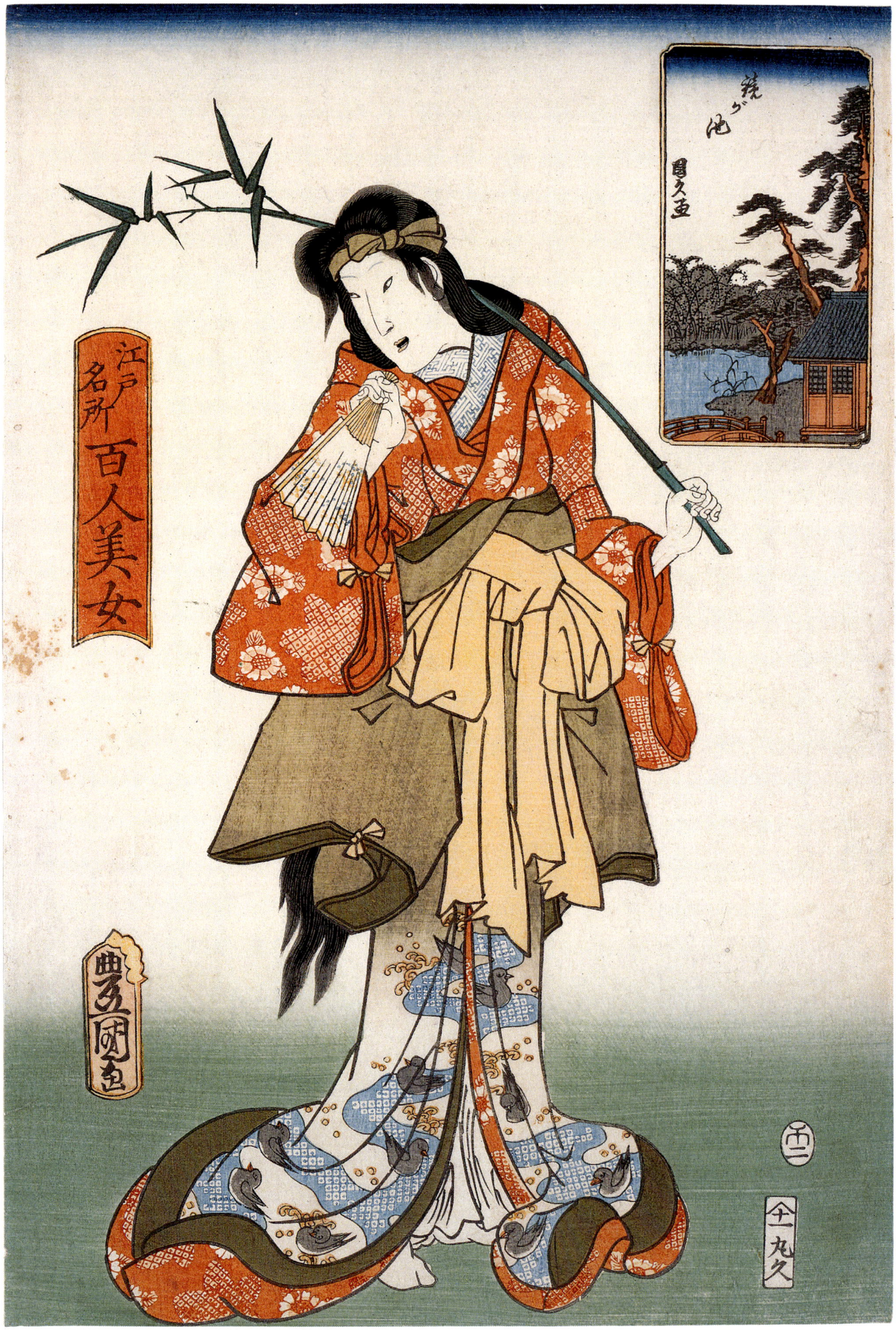

鏡ヶ池
国久画
江戸名所
百人美女
豊国画

江戸名所百人美女　鏡《かがみ》が池《いけ》

三代歌川豊国
安政5年

鏡《かがみ》が池《いけ》

鏡が池は、浅草浅茅《あさじ》が原《はら》の西南にあった池で、『江戸名所図会《えどめいしょずえ》』も記されている。謡曲《ようきょく》の「隅田川《すみだがわ》」に登場する梅若丸《うめわかまる》の母、妙亀尼《みょうきに》が子供（梅若丸）のあとを追って、この池に身を投げ、自ら命をたったという伝説が残っている。

梅若丸というのは、平安時代の中期、京都の北白川吉田少将惟房《よしだのしょうしょうこれふさ》の一子《いっし》で、人商人《ひとしょうにん》にさらわれて奥州に向う途中、隅田川のほとりで死んだ。年は12歳であった。この梅若丸の失踪《しっそう》をしった母親が狂女《きょうじょ》となってさ迷《まよ》い歩き、我が子を探し求めた。そして、この地に来て、既《すで》に死んでいることを知ると、この鏡が池のほとりに小庵をたてて弔《とむら》ったが、悲しみに耐え切れず身を投げたというのである。その小庵がこま絵の右下の建物であろうか。鏡が池は、明治になって埋め立てられ、今はない。

妙亀尼

鏡が池といえば、梅若丸の母、妙亀尼を思い出すが、この絵はその妙亀尼であろうか。お歯黒《はぐろ》をして髪は長く垂らしている。肩に竹を担《かつ》ぎ、どこかさ迷い歩いているようにも見える。菊と紅葉《もみじ》の模様を絞《しぼ》った赤い中着《なかぎ》、波に千鳥の描かれた表着《うわぎ》、前に結んだ黄色の帯など、華やかな中にも哀《あわ》れな女の姿が見えてくる。このような姿が歌舞伎《かぶき》や、能《のう》の中にも取り入れられ、多くの人たちの涙を誘《さそ》ったに違いない。

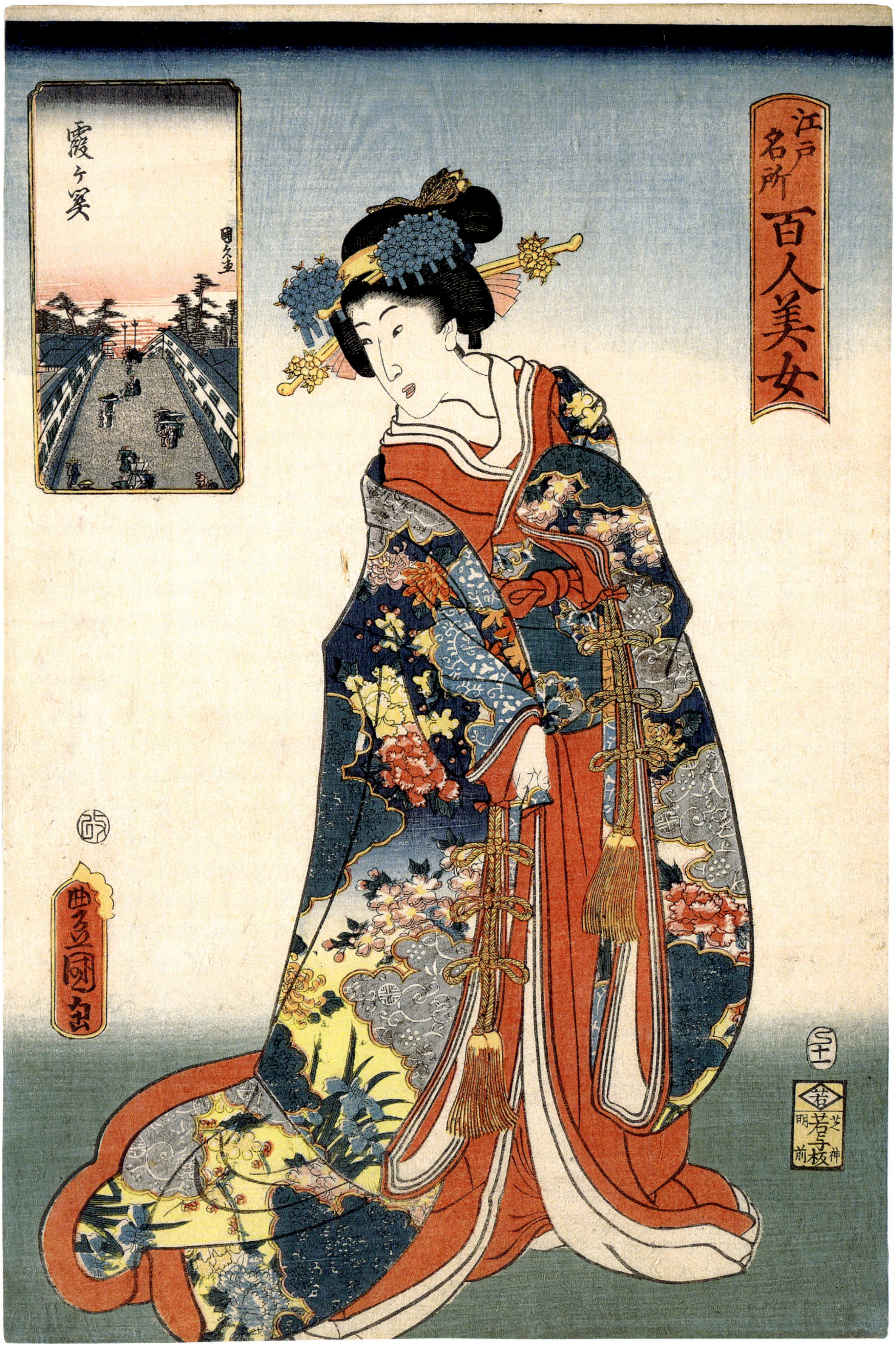
江戸名所
百人美女
霞ヶ関
豊国画

江戸名所百人美女　霞ケ関《かすみがせき》

三代歌川豊国
安政４年

霞ケ関《かすみがせき》

霞ケ関は、古くから奥州《おうしゅう》街道の関所であり、武蔵野の歌枕の一つに数えられた景勝地《けいしょうち》であった。坂の上から海上をみわたせるため、潮見坂《しおみざか》という名もあった。

この辺《あた》りは江戸でも代表的な大名屋敷があるところで、こま絵の白い壁の屋敷は、右が福岡藩黒田家の松平美濃守《まつだいらみののかみ》の上屋敷、左は広島藩浅野家の松平安芸守《まつだいらあきのかみ》の上屋敷となっている。坂を行き来しているのは、裃《かみしも》をつけた武士や大名行列であろう。いかにも武家屋敷が近いことを表している。

大名家の姫君

牡丹に桜、菊に梅、そして杜若《かきつばた》といった四季の花を散りばめた総模様の豪華な打掛《うちかけ》、その下に無地朱《むじしゅ》（最上の朱縮緬《しゅちりめん》）の振袖《ふりそで》を着ているのは、大名家の姫君であろう。広袖《ひろそで》に豇豆《ささげ》という、飾り結びのついた長い房のようなものがついている。有職文《ゆうそくもん》が描かれた帯には、赤い丸ぐけの帯締《おびじ》めが見えている。髪は島田髷《しまだまげ》で、びらびらのついた桜模様の花簪《はなかんざし》を両側に、鼈甲《べっこう》と思われる櫛《くし》と後ろ挿《ざ》し（簪《かんざし》）も挿《さ》している。衣裳に家紋が描かれていないので、どこの大名家か分からないが、尾張徳川家《おわりとくがわけ》から広島藩浅野家、松平安芸守に嫁いだ利姫かもしれない。

一般庶民では身につけることが出来ない衣裳や髪飾りは、女性たちの憧《あこが》れでもあっただろう。身分の違いを感じる１枚である。

江戸名所
百人美女
小石川
牛天神
豊国画

江戸名所百人美女

小石川牛天神《こいしかわうしてんじん》

三代歌川豊国
安政4年

小石川牛天神《こいしかわうしてんじん》

小石川牛天神とは、小石川竜門寺門前の台地上に南面していて、現在（文京区春二丁目）の北野神社《きたのじんじゃ》である。この牛天神は江戸では由緒ある神様らしい。ここの縁起については矢田挿雲《やだそううん》の『江戸から東京へ』の茗荷谷《みょうがだに》附近に詳しい。

寿永元年（1182）の春、源頼朝《みなもとのよりとも》が、東征の兵船をこの岸松《がんしょう》につなぎ、風待ちをしたという。それによれば、源頼朝が一夜陣中の夢に、菅原天神《すがわらてんじん》が牛に乗って現れ、二つの吉事があることを告げた。夢から覚めると、傍《かたわ》らに大きな岩があり、あたかも夢の中に出てきた牛を思い起こさせる様な形だったので、これを牛石と呼んだという。その年の秋、頼朝には長男頼家《よりいえ》が生まれ、翌年には平家《へいけ》を退けることが出来たので、この地に社殿を造営したという。

雲がたなびく上に描かれている石碑は、牛天神の縁起であろうか。江戸時代にはよく知られていた天神さまであった。

香を聞《き》く

眉を剃《そ》り落として切髪姿《きりがみすがた》。鳳凰《ほうおう》に牡丹唐草《ぼたんからくさ》の打掛《うちかけ》などから武家の後室《こうしつ》（未亡人）であろう。帯には、幸菱繋《さいわいびしつな》ぎに有職文《ゆうそくもん》が描かれている。左手に聞香炉《ききごうろ》を持って香を聞いている。香道では、匂いを嗅《か》ぐとはいわず、「聞く」といった。膝の前においてある道具類は、香道具《こうどうぐ》の一種で、火道具類《ひどうぐるい》、硯《すずり》などが見えている。何人かで香席《こうせき》を開いて楽しんでいるところだろう。

小石川牛天神の近くには水戸徳川家の屋敷があった。この女性は水戸家に関係ある女性かもしれない。香を聞くことは、武家階級の女性であれば、お茶やお華と同様、教養の一つでもあった。

静かに流れる時間と、優雅な香の香りは、この絵柄を見るほうにも漂《ただよ》ってきたことだろう。上品な絵になっている。

江戸名所
百人美女
小梅

江戸名所百人美女　小梅《こうめ》

三代歌川豊国
安政５年

小梅《こうめ》

こま絵にある小梅は、墨田区向島にある日蓮正宗《にちれんしょうしゅう》の常泉寺に接してあった小梅村《こうめむら》のこと。大木《たいぼく》のよこに描かれているのは、料亭の小倉庵《おぐらあん》であろう。描かれている女性の浴衣《ゆかた》と徳利《とっくり》を置く台にも「小倉」の文字が見えている。

小倉庵は有名な会席料理屋《かいせきりょうりや》だったらしく、広重《ひろしげ》が「江戸高名会亭尽《えどこうめいかいていづくし》」の本所小梅という浮世絵に描き、「隅田川闇夜の桜」と題した浮世絵には、小倉庵の名の入った提灯《ちょうちん》を描いている。どんな料理を出していたのかは不明であるが、江戸時代末期に出された『守貞謾稿《もりさだまんこう》』の第四編生業上「料理茶屋」のところに、「江戸ニテ名アルハ…小梅小倉庵」と書かれている。ただ、矢田挿雲《やだそううん》の『江戸から東京へ』の中には、この小倉庵は紹介されていない。明治に入るころには、なくなっていたと思われる。

湯上り

湯上りなのか、手拭《てぬぐい》を首筋に当てているのは、「しの字髷《まげ》」を結った年増《としま》の女である。お歯黒《はぐろ》をして、眉は剃《そ》りたてなのか青眉《あおまゆ》である。前述したように浴衣には「小倉」の文字が瓢形模様《ひさごもよう》の中に描かれている。手前の杯洗《はいせん》には緒口《ちょこ》が三つ浮かんでいる。これから一杯飲むところだろう。「しの字髷」は既婚女性、または年増の髪型で櫛《くし》を横に挿《さ》している姿であるところを見ると、素人の奥方ではなく、誰かのお妾《めかけ》といったところだろうか。白い腕《うで》や脱ぎ捨てた着物などに、独特《どくとく》の雰囲気《ふんいき》が漂《ただよ》っている。

江戸名所
百人美女

江戸名所百人美女　御殿山《ごてんやま》

三代歌川豊国
安政５年

御殿山《ごてんやま》

御殿山は、飛鳥山《あすかやま》と同様、桜として有名だった。名前の由来は、太田道灌《おおたどうかん》の館《やかた》があったからという説と、徳川将軍がここに御殿《ごてん》をつくったからという二説があるらしい。御殿山が桜の名所となる前は、参勤交代《さんきんこうたい》で江戸に来た西国《さいごく》の大名などを送迎したところで、その後は、将軍の鷹狩《たかが》りなどの休憩所などにも利用したという。ところが、『武江年表《ぶこうねんぴょう》』の元禄15年（１７０２）を見ると、「二月十一日、四谷塩町より出火、青山、麻布辺、芝浦、品川に至る。この時麻布御殿、品川御殿、名国寺五重塔、仁王門焼亡（品川御殿御再建なし。妙国寺の搭もこれより絶えしなるべし）」とあり、火事で御殿がなくなったことが分かる。

その後、桜を植えて整備したのは、八代将軍吉宗のときからである。１００年近くたった後、文政７年（１８２４）の記録には、桜が６００本あったという。多くの庶民で賑《にぎわ》ったことだろう。嘉永６年（１８５３）ペリーの黒船来航で、９月から品川に御台場《おだいば》を作るのに御殿山と泉岳寺前《せんがくじまえ》の山を崩し、さらに明治に入って鉄道が引かれたので、桜の名所は徐々に姿を消したのである。

紅葉袋《もみじふくろ》

金盥《かなたらい》を前に上半身裸《じょうはんしんはだか》で襟足《えりあし》を洗っているのは、若い娘であろう。髪も未婚女性の結う島田髷《しまだまげ》になっている。右手の赤い袋は糠《ぬか》や洗粉《あらいこ》をいれた糠袋《ぬかぶくろ》で「紅葉袋」ともいった。熱いお湯にこの袋を浸《ひた》してぎゅっと絞り、顔や首、胸のあたりまでキュキュと洗った。その後、お湯で洗い落とすのである。

この「紅葉袋」は浮世絵の美人画もよく描かれ、手拭《てぬぐい》の端に結びつけたり、口にくわえているのも見かける。ただし、全部が赤い布袋《ぬのぶくろ》ではなく、手拭なども利用したようで、模様の入ったものもある。糠は銭湯《せんとう》でも売っていたので、糠袋だけ持っていき、使い終わったら、捨ててきたのである。

左手を入れた金盥から湯気《ゆげ》が立っている。これから化粧をし直すのか、右の黒い箱は鏡台《きょうだい》が見えている。襟足を洗っている構図は、溪斎英泉《けいさいえいせん》も「美人東海道・大磯駅」にも見られる。江戸時代は顔や髪を洗うのに上半身裸であったことが分かる、いい例である。

江戸名所
百人美女
駒形
豊国画

江戸名所百人美女　駒形《こまがた》

三代歌川豊国
安政５年

駒形《こまがた》

こま絵に見えているのは、浅草駒形堂《あさくさこまがたどう》の屋根で、右の赤い旗《はた》のようなものは、その筋向かいにあった中嶋屋百助《なかじまやひゃくすけ》という、紅粉《べに》、白粉《おしろい》、伽羅油《きゃらのあぶら》などを扱う化粧品店の幟看板《のぼりかんばん》である。墨田川《すみだがわ》を挟んで本所が見えている。

駒形堂の本尊は慈覚大師《じかくだいし》の作といわれる馬頭観音《ばとうかんのん》で、古くは浅草寺の総門があった場所であり、料理茶屋が多かった。また、この付近で捕れる鯉は「紫鯉《むらさきごい》」といって有名だったという。

赤い旗を出している中島屋百助は、髪油の「くこ油」が有名で、艶を出し、髪の垢《あか》も取れるとして、「洒落本《しゃれぼん》」の『放蕩虚誕伝《ほうとうちょちょらでん》』や『埜良玉子《のらたまご》』の中にも登場している。匂《にお》いがきつかったのか、「百助のくこ奥山《おくやま》に匂ふ茶屋」と川柳《せんりゅう》に詠《よ》まれている。浅草寺の後ろの俗に奥山といわれた場所の茶屋女《ちゃやおんな》が、この油をぷんぷん匂わせているという句である。

料理屋の女中

天神髷《てんじんまげ》に格子柄《こうしがら》の着物を着て、横を向いているのは、どこか料理屋で働く女であろうか。まだお歯黒《はぐろ》をしていない。中着は扇面散《せんめんちら》し模様で、帯は黒と赤い縞《しま》のはいった昼夜帯《ちゅうやおび》である。

腰を下ろして鍋の中のものが煮えるのをまっているのか。蓋《ふた》には「初ふし」と書かれ、れんげのようなものが見えている。これからお客にお酒と料理を運ぶところかもしれない。左手に持っているのは折りたたんだ懐紙《かいし》、右手に持っているのは、その懐紙で襟足《えりあし》の汗でもふいているところ。

駒形といえば、「どじょう鍋」を思い出すが、この鍋がなになのか確認ができない。鍋の横には料理の入った膳《ぜん》が見えている。

江戸名所 百人美女
三縁山 増上寺
国久画
豊国画
上金

江戸名所百人美女

三縁山増上寺《さんえんざんぞうじょうじ》

三代歌川豊国
安政4年

三縁山増上寺《さんえんざんぞうじょうじ》

こま絵の三縁山増上寺は、上野の寛永寺《かんえいじ》と並ぶ徳川家の菩提寺《ぼだいじ》で、始め豊島郷貝塚《とよしまごうかいづか》（千代田区平河町～麹町）にあって、一ツ木の光明寺《こうみょうじ》という真言の寺であったが、元中2年（1385）浄土宗に改め、三縁山増上寺と称した。後に日比谷に移り、慶長3年（1598）、この地（芝）へ移った。関東浄土宗の総本山である。

家康と増上寺の因縁は、天正18年（1590）家康が入国の日、増上寺門前で、その時の住職観智国師《じゅうしょくかんちこくし》に目をとめ、会釈《えしゃく》して翌日の訪問を約束し、菩提寺にする事を頼んだという。増上寺には、二代秀忠《ひでただ》、六代家宣《いえのぶ》、七代家継《いえつぐ》、九代家重《いえしげ》、十二代家慶《いえよし》、十四代家茂《いえもち》の六代将軍の墓所が設けられている。

左に見えているのは、五重搭で、姫路城主、酒井雅楽頭《さかいうたのかみ》が建立したもの。この五重搭は、太平洋戦争中の空襲で消失している。

御殿女中《ごてんじょちゅう》

流水《りゅうすい》に水車模様《みずぐるまもよう》の打掛《うちかけ》を着ているのは、高位の御殿女中であろう。外出時に被《かぶ》る埃《ほこり》よけの揚帽子《あげぼうし》に御殿女中特有の髪型、片外《かたはづ》しを結っている。お歯黒《はぐろ》をして眉無《まゆな》し。高位の御殿女中は、一生奉公（里帰りできない）であるため、嫁《とつ》いだ時と同じでお歯黒をして眉を剃《そ》った。胸元に鎖《くさり》のついた懐紙《かいし》入れが見えている。

腰で着物を括《くく》っているしごき帯、重《かさ》ね草履《ぞうり》などから見ると、徳川家の菩提寺である増上寺へ代参《だいさん》といったところであろう。規則《きそく》がらみの城内《じょうない》と違って、代参とはいえ城外《じょうがい》に出かけるのは、高位の御殿女中でも、一時《いっとき》の自由な時間が持てるささやかな楽しみであった。

江戸名所
百人美女
豊国画

江戸名所百人美女

しのはず弁天《べんてん》

三代歌川豊国
安政4年

不忍弁天

上野の不忍池《しのばずのいけ》の中島《なかじま》（池や川などの中にある島）にある弁天社《べんてんしゃ》で、中島弁天社ともいう。寛永年間に、天海和尚《てんかいおしょう》と常陸下館城主《ひたちしもだてじょうしゅ》の水谷伊勢守《みずたにいせのかみ》が、従来の古島に接して中島を築き、小島に琵琶湖の竹生島《ちくぶしま》をまねて弁天祠《べんてんほこら》を建立したという。いまでも池の蓮が咲いたときは見事であるが、享保頃にはすでに有名になっていて、小島の茶屋などでは蓮飯《はすめし》なども出したらしい。池の周囲には出合茶屋《であいぢゃや》が多く、密会《みっかい》の場所として繁昌《はんじょう》した。

この絵に描かれている繻袢姿《じゅばんすがた》の女性は御殿女中《ごてんじょちゅう》である。上野の山には、寛永寺《かんえいじ》があり、代参として出向く御殿女中たちが見られた。たぶん出合茶屋での姿という設定であろう。溪斎英泉《けいさいえいせん》の「今様美人拾二景《いまようびじんじゅうにけい》　しづかそう　不忍弁天」でも、御殿女中が描かれている。

密会

しどけない恰好《かっこう》で、赤に白の繻袢姿の女性は、前述したように高位の御殿女中で、片外《かたはづ》しを結っている。口元にはお歯黒《はぐろ》が見えているが、眉《まゆ》は描かれている。普通、眉を剃《そ》るのであるが、浮世絵では老けて見えるからかもしれない。懐紙《かいし》をくわえ、手拭《てぬぐい》で手を拭いている。たぶん寛永寺へ御代参したあと、不忍池の出合茶屋で誰かと密会していたところであろう。足元には風呂敷と懐紙のようなものが見えている。

この絵を見ると、正徳４年（１７１４）、江戸城大奥に生じた風俗紊乱事件《ふうぞくびんらんじけん》を思い出す。それは７代将軍徳川家継《とくがわいえつぐ》の生母月光院《せいぼげっこういん》に仕《つか》えた大奥御年寄《おおおくおとしより》の絵島《えじま》が、寛永寺、増上寺へ代参の帰り、木挽町《こびきちょう》の山村座《やまむらざ》へ寄り、役者の生島新五郎《いくしましんごろう》と密会して江戸城の門限に間に合わなかった。このことが発覚し大きな事件になった。芝居関係者が多く処分され、絵島は信州高遠《しんしゅうたかとう》に流されたのである。

裾《すそ》の乱れや髪のほつれ、なにかあやうい絵島を見る思いである。

江戸名所 百人美女
芝神明前

江戸名所百人美女　芝神明前《しばしんめいまえ》

三代歌川豊国
安政5年

芝神明前《しばしんめいまえ》

こま絵は、芝増上寺《しばぞうじょうじ》の東、大門《だいもん》の傍《かたわ》らにあった芝神明前の「花露屋《はなのつゆや》」である。寛永の末、喜左衛門（喜右衛門とも）という江戸の医師が、花の露を作ったといわれ、明治時代まで続いた化粧品店であった。店の両側には、紅粉《べに》を扱っている証拠である赤い幟《のぼり》が立てられている。人の出入りも多く賑《にぎわ》ったのであろう。

「花の露」は当初、化粧油《けしょうゆ》として市販されていたが、江戸時代後期には油を使わない化粧水として人気を博《はく》した。作り方は文化10年（1813）に出された総合美容読本『都風俗化粧伝《みやこふうぞくけわいでん》』に詳しい。また、文政7年（1824）の『江戸買物独案内《えどかいものひとりあんない》』にも、「根元・元祖御花の露　御伽羅之油　紅粉　白粉　芝神明前花露屋」と、紹介されている。ただ、有名だったことで、どうもいろいろな店でも、この名前の化粧水を売り出したらしい。登録商標《とうろくしょうひょう》などうるさくなかったからであろう。ポーラ文化研究所でも、明治のものと思われる看板を所蔵しているが、発売は大坂の店である。

花の露

手で眉《まゆ》を吊《つ》り上げ、剃刀《かみそり》で顔を剃《そ》っているのは料理屋の女かもしれない。右端にお膳《ぜん》が見えている。剃刀は、両刃《りょうば》のものと、片刃《かたば》のものがあったが、一般的には片刃のものが使われた。髪型は潰《つぶ》し島田《しまだ》で、絞《しぼ》りの手絡《てがら》をしているところを見ると、未婚であろう。黒い鏡台《きょうだい》には、玉簪《たまかんざし》があり、脇には「花の露」と書かれた箱が置いてある。これから封を切って新品の「花の露」を使うところかもしれない。化粧前の入念な手入れの1つである。着物は全体が桧垣《ひがき》（網代《あじろ》）模様になっていて、その上に桜が描かれ、帯も同じ桜模様の昼夜帯《ちゅうやおび》（または、鯨《くじら》の背《せ》と腹《はら》が黒と白というところから鯨帯《くじらおび》ともいう。この場合は黒と他の色になっている）になっている。

江戸名所
百人美女
首尾の松
豊国画

江戸名所百人美女

首尾《しゅび》の松

三代歌川豊国
安政4年

首尾《しゅび》の松

こま絵の首尾の松とは、浅草御蔵《おくら》（一番堀から八番堀までであった）の四番堀と五番堀（台東区蔵前一丁目）との間にあった松の大木《たいぼく》のこと。枝《えだ》が隅田川上《すみだがわじょう》に突き出て、老《お》いた竜《りゅう》のような姿であった。最初の松は安永年間に風で倒れ、その後何度も植え継《つ》いだ。

名称は吉原通いの客が、ここに猪牙舟《ちょきぶね》をつないで、遊女との首尾を語ったところから付けられたという。松の後ろには白壁《しらかべ》と蔵《くら》の屋根が見えている。

また、葛飾北斎《かつしかほくさい》の狂歌絵本『絵本隅田川両岸一覧』の「首尾松の鉤船《つりぶね》　椎木《しいのき》の夕蝉《ゆうぜみ》」には、男女４人が墨田川の首尾の松のところで、釣《つり》を楽しんでいる様子が描かれている。釣の名所でもあり、この松が目印になったらしい。

舟遊び

「しの字髷《まげ》」に結《ゆ》ってお歯黒《はぐろ》をしているのは、どこか商家の人妻であろうか。釣り糸の先をじっと見ている。髷《まげ》には竹の節《ふし》のような太い笄《こうがい》を挿《さ》している。鼈甲製《べっこうせい》かもしれない。着物は松皮菱《まつかわびし》の中に花が描かれ、裾《すそ》からちらっと見えている赤い下着は分銅繋《ぶんどうつな》ぎになっている。帯は紫地に唐花《からはな》模様である。

釣竿がもう一本左に見えている。連れがいるのだろう。広蓋《ひろぶた》のようなお盆の上には、菊が描かれた大きな鉢《はち》に食事の用意がしてあるのか、箸《はし》が見えている。大騒《おおさわ》ぎして釣り上げる魚は小魚《こざかな》であろうが、どのような成果があったのか、こちらの首尾《しゅび》も聞いてみたい。

江戸名所 百人美女
新吉原満花
国久画
豊国画

江戸名所百人美女

新吉原満花《しんよしわらまんか》

三代歌川豊国
安政4年

新吉原《しんよしわら》

こま絵は、新吉原の大門《おおもん》から見える仲《なか》の町《ちょう》の満開の桜である。新吉原というのは、元吉原に対する呼称で、明暦3年8月、元吉原（日本橋）から浅草日本堤に転地したのを機に、旧地を元吉原、新地を新吉原といったのである。江戸の中心部に遊女町があったのでは、風紀上好ましからぬものがあったのだろう。

屋根の上の櫓《やぐら》は、浅茅《あさじ》が原《はら》でも解説したように、用水桶《ようすいおけ》と防火用具を常備して、火事に備えていたものである。桜は、2月下旬頃から根《ね》のついたまま移し植え、開花の時期を3月1日と3日の紋日《ものび》（祭日、祝日など特別な事の行われる日）にあわせて置いたもの。とくに夜桜は見事だったのか、広重が「東都名所《とうとめいしょ》吉原仲之町夜桜《よしわらなかのちょうよざくら》」に、その様子を描いている。

吉原の櫓を目指して、毎日多くの客が押し寄せたのであろう。別世界《べっせかい》の入口である。

吉原の遊女

大きな潰《つぶ》し島田《しまだ》に長い鼈甲《べっこう》のような笄《こうがい》を挿《さ》しているのは、吉原の遊女であろう。懐紙《かいし》を口にくわえ、お歯黒《はぐろ》が見えている。大きな雨龍《あまりゅう》が描かれ、三つに畳《たた》まれた布団《ふとん》には懐紙を巻いた枕《まくら》が見えている。

寝起きなのか、帯を結んでいる途中である。赤い麻《あさ》の葉模様《はもよう》の中着《なかぎ》は、紫の曲線模様が裾《すそ》の方まで広がっている。その上に引っ掛けている着物は、まだ布団に引っかかったままだが、対《つ》い脹《ふく》ら雀菱《すずめびし》の紋《もん》と、編笠《あみがさ》を被《かぶ》った雀が描かれている。たぶん雀踊《すずめおど》りの模様になっているのだろう。洒落《しゃれ》た衣裳である。

これだけの布団が置いてあるのは座敷持《ざしきも》ちの高位の遊女で、これから廻し（一人の娼妓《しょうぎ》が一夜のうちに、順次に多くの客の相手になること）を取りにいくところかもしれない。因《ちな》みに、吉原の遊女の定年はだいたい27歳くらいであった。

江戸名所 百人美女
国久画

江戸名所百人美女　洲崎《すざき》

三代歌川豊国
安政4年

洲崎《すざき》

こま絵に見えているのは、深川の洲崎弁天《べんてん》の鳥居《とりい》と二階座敷を持つ料理屋の武蔵屋《むさしや》であろう。遠くに筑波山《つくばさん》が見えている。

洲崎は江戸時代にできた埋立地で、景色《けしき》のよい場所であったため、深川八幡《ふかがわはちまん》に参詣《さんけい》する者は、この洲崎まで足を延ばすものも多かったという。寛政3年（1791）、洲崎一帯を大津波が襲《おそ》い、大惨事《だいさんじ》となった。幕府は津波警告の石碑を建て、津波に備えて一帯に家屋《かおく》の建築を禁止し空地としたが、養殖業《ようしょくぎょう》は依然として行われたという。

江戸末期には料理屋もできて、海に面していたため、元旦《がんたん》の初日《はつひ》の出《で》、潮干狩《しおひが》り、月見などでも人が群集《ぐんしゅう》したという。広重の「江戸名所百景」には、埋立てた土地が十万坪《じゅうまんつぼ》といわれた洲崎が雪で覆《おお》われ、空から獲物《えもの》を狙《ねら》って急降下寸前《きゅうこうかすんぜん》の大鷲《おおわし》が描かれている。人っ子一人見えない厳しい様子であるが、この「百人美女」の洲崎は、朝日が遠くに見えて、穏《おだ》やかな様子に描かれている。

初日の出

黄八丈《きはちじょう》のように見える着物に、紫の梅模様の中着《なかぎ》を二枚重《にまいがさ》ねしているのは、元旦の初日の出を拝みに来た若い娘であろう。お歯黒《はぐろ》もなし、眉も剃《そ》っていない。帯は黒地に赤い蝙蝠《こうもり》が丸の中に描かれ、裏の紫地には「大當《おおあたり》」の文字も書かれている。赤い紐《ひも》で結んであるのは、しごき帯で着物を端折《はしょ》っている。

寒いのか手は袖《そで》の中。縮緬《ちりめん》などで作った御高祖頭巾《おこそずきん》を被《かぶ》っている。首に手拭《てぬぐい》を巻いているが、これは防寒用《ぼうかんよう》でもあり、頭巾が滑《すべ》り落ちないようにするためのものでもあった。完全防備のスタイルである。

江戸名所
百人美女

江戸名所百人美女　駿河町《するがちょう》

三代歌川豊国
安政４年

駿河町《するがちょう》

こま絵は、江戸の中心である日本橋の南北の町屋《まちや》にある駿河町である。駿河町の通りに立って南西の方向を見ると、正面に富士山が見えた。町名もこの眺《なが》めからついたらしい。そして、この町の大部分を占めていたのが、三越《みつこし》の前身である越後屋呉服店《えちごやごふくてん》である。

越後屋呉服店の祖である三井八郎右衛門高利《みついはちろうえもんたかとし》は、伊勢松坂《いせまつざか》の商人であった。延宝元年（１６７３）、日本橋本町に店を借りて呉服店を開いた。10年後には、店を駿河町に移し、現金掛値《げんきんかけね》なしの商法《しょうほう》を実践《じっせん》して、数年の間に巨万《きょまん》の富《とみ》を築いたという。呉服物とある看板は「呉服物品々《ごふくものしなじな》」と続くのであるが、反物《たんもの》だけでなく、生地《きじ》の切り売りも行うなど、客の需要《じゅよう》に応じて商いを行っていた。その様子は、井原西鶴《いはらさいかく》の『日本永代蔵《にほんえいたいぐら》』に書かれている。

富士山と駿河町とくれば誰でもが越後屋を連想《れんそう》したのである。

越後屋の店先

大きな丸髷《まるまげ》に太い笄《こうがい》を挿《さ》しているのは、若い人妻であろう。お歯黒《はぐろ》をしているので半元服《はんげんぷく》といったところである。江戸時代は婚約または、結婚したときにお歯黒をした。これを半元服といった。さらに子供が生れると眉《まゆ》を剃《そ》った。それを本元服《ほんげんぷく》といったのである。

この若妻は新婚かもしれない。越後屋の店先で反物《たんもの》を選んでいる。近くの火鉢《ひばち》に越後屋の印《しるし》、「丸《まる》に井桁《いげた》の三《さん》」が描かれている。煙管《きせる》で一服《いっぷく》するのに用いたのだろう。煙草入《たばこい》れも見えている。着物は豆蔵小紋《まめぞうこもん》とでも言うのだろうか、弥次郎兵衛《やじろべい》のような釣合《つりあ》い人形がひしめきあっている。襦袢《じゅばん》の襟《えり》は卍崩《まんじくず》しになっている。どんな模様がいいのか、迷っているのかもしれない。迷っているのも嬉《うれ》しい時間である。

江戸名所
百人美女
豊国画

江戸名所百人美女　浅草寺《せんそうじ》

三代歌川豊国
安政４年

浅草寺《せんそうじ》

こま絵の浅草寺は、金龍山伝法院《きんりゅうざんでんぽういん》といい、坂東巡礼所《ばんどうじゅんれいじょ》の第13番目であり、天台宗で東叡山《とうえいざん》に属している。浅草寺は江戸随一《えどずいいち》の大寺で、『江戸砂子《えどすなご》』によると、飛鳥時代の推古帝《すいこてい》36年（６２８）まで遡《さかのぼ》るという古刹《こさつ》で支院、末寺も多かった。

明暦３年（１６５７）、観音堂《かんのんどう》の北に吉原遊廓《よしわらゆうかく》ができ、天保末年には猿若三座《さるわかさんざ》（中村座、市村座、守田座）が東北隣に移ってきて興行《こうぎょう》。境内《けいだい》には見世物小屋《みせものごや》、楊弓場《ようきゅうば》、掛茶屋《かけぢゃや》（腰掛茶屋）、名物食べ物店などがだんだんできて、浅草寺を中心として娯楽街化を促進した。また、寛永の頃から、境内には楊枝《ようじ》を売る店も出てきたが、楊枝店の中でも柳屋仁平治《やなぎやにへいじ》が有名で、娘のお藤は、笠森《かさもり》お仙《せん》とともに鈴木春信の浮世絵に描かれるほど美人であった。

こま絵の屋根は仁王門《におうもん》で、右手にあった五重塔も見えている。江戸時代は本堂に向かって東側にあったが、昭和20年、戦火で消失。戦後再建される際、西側に移っている。

茶屋の看板娘《かんばんむすめ》

前髪に櫛《くし》を挿《さ》し、島田髷《しまだまげ》に結っているのは、浅草寺仁王門の手前にあった二十軒茶屋《にじゅうけんぢゃや》の若い茶汲《ちゃく》み女《おんな》であろう。縞《しま》の着物に帯は献上博多《けんじょうはかた》で平十郎《へいじゅうろう》（片輪の竪結び）結び。裏は紅地の三筋格子《みすじごうし》になっている。中着《なかぎ》は藍地に山形紋《やまがたもん》と花形紋《はながたもん》を市松模様《いちまつもよう》のように染め上げている。前垂《まえだ》れは椿《つばき》と印章《いんしょう》を散らしたもので、なにげなく、こま絵を描いた国久《くにひさ》の名前も入っている。帯に挟んでいる手拭《てぬぐい》には都鳥《みやこどり》（千鳥の一種）で、右手に持っている茶碗には千鳥が描かれている。

着ている着物に派手《はで》さはないが、こまめに歩き回り、行き交う人々に愛想《あいそ》をふりまき、お茶をふるまったのだろう。看板娘といったところか。

江戸名所百人美女
染井
豊国画

江戸名所百人美女　染井《そめい》

三代歌川豊国
安政４年

染井《そめい》

こま絵の染井は、染井村《そめいむら》ともいい、現在の豊島区駒込あたりを指《さ》している。江戸時代初期は藤堂家《とうどうけ》その他の屋敷があったが、もともとは農村だったらしい。染井では花木を作って売る植木屋が多く、それを観賞する人たちが多く来訪《らいほう》したので、元文２年（１７３７）町屋ができたという。

植木屋のなかでも、とくに有名だったのが伊藤伊兵衛《いとういへい》である。研究熱心で、いろいろな種類の植物のかけあわせなどを行い、新しい品種を作り出した。また、三代目は草木の種類や栽培法などを記した日本で最初の園芸書『地錦抄《ちきんしょう》』を書いている。

桜で有名なソメイヨシノは、幕末から明治にかけて、染井の植木屋が売り出して全国的に広まったという。ただし、こま絵は、桜でなく、大きな菊花が展示されている。四季を通じて、いろいろな花を展示し、賑《にぎわ》った所だろう。

外出帰り

縦縞の着物をしどけなく着ているのは、まだ若い娘であろう。お歯黒《はぐろ》なしで、眉《まゆ》も剃《そ》っていない。さらに未婚女性の結う潰《つぶ》し島田《しまだ》である。盥《たらい》の水で足を洗って、手拭《てぬぐい》で拭いているところ。遠くの染井まで出かけて、今を盛りの大輪《たいりん》の菊を見に行ったのだろうか。

中着《なかぎ》には波に鴛鴦《おしどり》が描かれ、襦袢《じゅばん》の襟《えり》は鱗模様《うろこもよう》で、膝《ひざ》を立てたところは赤の絞《しぼ》りに桜が描かれている。もしかしたら粋筋《いきすじ》の女かもしれない。懐紙《かいし》を巻いた懐紙入れと、その下には解《ほど》いた格子模様《こうしもよう》の帯が見えている。

江戸名所
百人美女

江戸名所百人美女　大音寺前《だいおんじまえ》

三代歌川豊国
安政5年

大音寺前《だいおんじまえ》

こま絵の大音寺前というのは、台東区竜泉《たいとうくりゅうせん》一丁目にあった大音寺の門前《もんぜん》をいう。ちょうど新吉原の裏手にあった。門前には、田川屋という鷺料理《さぎりょうり》を名物にしていた料理屋があったが、浄閑寺《じょうかんじ》（下谷三の輪村にある寺、遊女2万人近く埋葬）、西方寺《さいほうじ》（台東区浅草七丁目、遊女二代高尾の墓がある）とともに、新吉原の遊女の投げ込み寺でもあった。

樋口一葉の『たけくらべ』に、この大音寺前が登場している。「廻れば大門《おおもん》の見返《みかえ》り柳《やなぎ》いと長けれど、お歯《は》ぐろ溝《どぶ》に燈下《ともしび》うつる三階の騒ぎも手に取る如く、明けくれなしの車の行来《ゆきき》にはかり知られぬ全盛をうらなひて、大音寺前と名は佛《ほとけ》くさけれど、さりとは陽氣《ようき》の町と住みたる人の申き…」とあり、大音寺前という名前は仏臭《ほとけくさ》いが、陽気な町だと住んでいる人は言っている、という内容だろう。吉原に関係した職業の人たちが多く住んでいたらしい。

かもじ

大きな髷《まげ》は貝髷《ばいまげ》であろう。長い棒のような笄《こうがい》を横に貫《つらぬ》いている。吉原の遊女であろう。右手には簪《かんざし》の付いたかもじを持ち、左手は太くて長い煙管《きせる》を持っている。打掛《うちかけ》と着物は水草《みずくさ》の間を泳ぐ魚が描かれ、紋は二《ふた》つ重《かさ》ね雁金《かりがね》といったところだろう。お歯黒《はぐろ》もしているので、高位の遊女と思われる。

これから髪を結いなおすのか、それとも禿《かむろ》にかもじの手入れを頼むところかはっきりしないが、江戸時代から、髷を結い上げるのに、事前にかもじに簪を挿《さ》しておいたことが分かった。こうすると、簪がすべり落ちず、地毛《じげ》に負担がかからないのである。いずれにしても、店に出る前のひと時といったところだろう。

江戸名所百人美女

江戸名所百人美女　第六天神《だいろくてんじん》

三代歌川豊国
安政4年

第六天神《だいろくてんじん》

こま絵の第六天神は、はじめ鳥越町の鳥越明神《とりごえみょうじん》の末社だったが、正徳2年に浅草森田町に移り、享保3年12月火災後、享保4年4月に蔵前《くらまえ》に移転した。明治6年、社名を榊神社《さかきじんじゃ》と改めている。

江戸時代は、湯島天神《ゆしまてんじん》や谷中《やなか》の感応寺《かんのうじ》とともに富突《とみつ》き（富くじと同じ。多数の富札を販売し抽籤《ちゅうせん》により賞金の当る、賭博《とばく》の一種。江戸時代に流行。富札と同数の番号札を箱に入れ、箱にあけた小孔から錐《きり》を突き入れ、刺さったものを当り番号として多額の賞金を出し、残額を興行者の収入とした）が行われ、有名だったらしい。神社の屋根の重なりで白壁《しらかべ》と、鳥居《とりい》に巴紋《ともえもん》がついているのが見える。巴《ともえ》は古代の勾玉《まがたま》が巴形であることから、神霊《しんれい》のシンボルとして神社などが用いたといわれている。

腕守《うでまも》り

左の二《に》の腕《うで》に腕守りを巻いているのは、芸者であろうか。左の箱の中身は三味線《しゃみせん》の糸かもしれない。腕守りはビロードで出来ているらしく、毛羽立《けばだ》って見える。中味はお守りの札で縫いこんである。髪型は潰《つぶ》し島田《しまだ》で、前髪を短く括《くく》っているので、左右に撥《は》ねている。櫛《くし》も髷《まげ》に掛けている手絡《てがら》も赤いところを見ると、まだ若いのであろう。着物は青海波《せいがいは》の地紋に白と紫の市松模様《いちまつもよう》。五三桐《ごさんのきり》の紋がついていて、帯は有職紋《ゆうそくもん》である。

腕守りは、女だけでなく男もしていた。首から下げるのではなく、見えない二の腕にすることで、粋《いき》で洒落《しゃれ》た装身具になっているのだろう。

江戸名所
百人美女
豊国画
国久画

江戸名所百人美女　溜《ため》いけ

三代歌川豊国
安政5年

溜池《ためいけ》

こま絵は、江戸城の赤坂御門《あかさかごもん》より山王様《さんのうさま》を経て、虎ノ門の西まで続いていた溜池である。承応年間、一部を埋《う》め立《た》て、畑や空地となったが、馬場《ばば》や的場《まとば》（的をかけて弓、鉄砲などの射撃を行う場所）にも利用された。明治初年の頃でも、長さ約13町12間、狭いところで約25間あり、赤坂の渡しという渡し場もあったらしく、大溜《おおため》、ひょうたん池ともいわれたらしい。

　明治8～9年頃から排水《はいすい》して埋め立て、その後、電車などを通すのに使われたらしい。ただ、昭和30年代まで、小さな池のようなものがあって魚を釣ることができたが、町名変更もあり、その後の様子は分かっていない。

母と子

松葉に裏梅《うらうめ》の縦縞模様《たてじまもよう》の着物を着て、幼い子供をあやしているのは母親であろう。眉無《まゆな》しで、髪型は割鹿子《わりかのこ》、または天神髷《てんじんまげ》かもしれない。膝《ひざ》には格子縞《こうしじま》の前垂《まえだ》れを掛けている。

　子供は裸で母親の胸の中であるが、着ていた着物は赤い模様と紺地に宝尽《たからづく》しを描いた額縁仕立《がくぶちじたて》で、側《そば》の籠《かご》の上に掛っている。温めているところだろうか。中に火鉢《ひばち》が見えている。

　眉のないのは子供のいる証拠でもある。子供を抱きしめ、温《ぬく》もりを確かめている。そして、それを楽しんでいるところだろう。母親の特権《とっけん》である。

江戸名所
百人美女
築地門跡

江戸名所百人美女　築地門跡《つきじもんぜき》

三代歌川豊国
安政４年

築地門跡《つきじもんぜき》

こま絵の築地門跡というのは、浄土真宗本願寺派《じょうどしんしゅうほんがんじは》の別院で、築地本願寺《つきじほんがんじ》のことである。元和３年（１６１７）、西本願寺の別院として浅草横山町に建立《こんりゅう》。「江戸浅草御坊《えどあさくさごぼう》」と呼ばれていたが、明暦《めいれき》の大火で本堂を焼失。その後、代替地として下付されたのが八丁堀沖《はっちょうぼりおき》の海上であった。そこで佃島《つくだじま》の門徒《もんと》が中心になり、本堂再建のため、この地を埋め立てて土地を築き、延宝７年（１６７９）再建された。

本堂の高い屋根であろう。菊の紋が見られるが、皇室などと関係があったのかもしれない。なお、埋め立て工事が地名（築地）の由来になっている。

女巡礼《おんなじゅんれい》

背中に葛篭《つづら》を背負っているのは、女巡礼と思われる。眉無《まゆな》しにお歯黒《はぐろ》をしているので、既婚女性にも見えるが、髪型は未婚女性《みこんじょせい》の島田髷《しまだまげ》である。身内《みうち》に不幸があり巡礼しているところかもしれない。右手には柄杓《ひしゃく》に数珠《じゅず》、左手には集印帖《しゅういんじょう》を持っている。白衣《びゃくい》の下は紺地の着物を赤いしごき帯で括《くく》り、「八つ捻《ね》じ瓢《ひさご》」模様の帯を締めている。中着《なかぎ》は楓模様《かえでもよう》になっている。

これから手を清め、集印帖に印を押して貰《もら》うところであろう。女巡礼の後ろにあるのは金柑《きんかん》で、本願寺のお土産《みやげ》として売っていたのかもしれない。

江戸名所 百人美女
天神

江戸名所百人美女　天神《てんじん》

三代歌川豊国

安政４年

亀戸天神《かめいどてんじん》

こま絵の天神は、亀戸天神のこと。菅原道真《すがわらのみちざね》を祭神《さいしん》として、境内《けいだい》の藤《ふじ》と太鼓橋《たいこばし》があいまって江戸名所の一つとなっていた。

広重の「江戸名所百景」の亀戸天神境内は、花の盛りの藤と太鼓橋が明るい色調で描かれている。

寛文元年（１６６１）、大宰府天満宮《だざいふてんまんぐう》の神官大鳥居宣祐《しんかんおおとりいのぶすけ》が霊夢を感じ、飛梅《とびうめ》の神木《しんぼく》で彫った道真公《みちざねこう》の神像を、江戸まで下って本所亀戸村《ほんじょかめいどむら》の小祠に奉祀《ほうし》したのが始まりとされている。寛文３年（１６６３）、社殿《しゃでん》、心字池《しんじいけ》、楼門《ろうもん》、橋などすべて大宰府天満宮を模して造営された。有名な「鷽替《うそか》え」（参詣人《さんけいにん》が木製の鷽を互いに交換し、神主から別のものを受ける神事）は、『武江年表《ぶこうねんぴょう》』によると、文政３年（１８２０）から始まったとある。

こま絵にある太鼓橋の茶店は、東詰めにあった葛餅《くずもち》の船橋屋《ふなばしや》であろうか。

茶屋の若妻

剃《そ》った後が初々《ういうい》しい青眉《あおまゆ》。お歯黒《はぐろ》もしている。嫁《とつ》いだばかりの若妻であろう。髪型は、「しの字髷《まげ》」かもしれない。赤い櫛《くし》も挿《さ》している。左手で、茶店の空いた席を指《さ》して、参詣人を呼び込んでいるところだろう。

梅に市松模様《いちまつもよう》が埋め込まれた着物に、菖蒲紋《あやめもん》の描かれた中着《なかぎ》の襟《えり》が見えている。帯は献上博多《けんじょうはかた》の昼夜帯《ちゅうやおび》（くじら帯ともいう）。縞《しま》の前垂《まえだ》れをしている。

お盆を片手に、「おいしいお茶はいかがですか」などと、声を掛けているのだろう。一服《いっぷく》するのも参詣《さんけい》する楽しみの一つである。

江戸名所 百人美女
根岸
国久画
豊国画

江戸名所百人美女　根岸《ねぎし》

三代歌川豊国
安政4年

根岸《ねぎし》

こま絵の根岸は、上野台の東北に位置するところで、崖下《がけした》の地にあるところから、根の岸という意味でつけられたらしい。上野山を背景にした田園風景と音無川《おとなしがわ》、時雨丘《しぐれのおか》、鶯《うぐいす》、藤や蛍、月、さらに雪といった四季の雅趣《がしゅ》にも富んでいたため、著名な文士《ぶんし》が江戸、明治を通じて住んでいた。

江戸時代は、酒井抱一《さかいほういつ》、北尾重政《きたおしげまさ》、亀田鵬斎《かめだほうさい》、寺門静軒《てらかどせいけん》。明治時代には正岡子規《まさおかしき》なども住んでいたらしい。

鶯と煙管《きせる》

眉無《まゆな》しで、髷《まげ》も短く切ってある。どこかの後家《ごけ》（未亡人）であろうか。抱巻布団《かいまきふとん》に足を突っ込み、煙管を立てている。中着《なかぎ》は梅模様の額縁仕立《がくぶちじたて》で、麻《あさ》の葉模様《はもよう》の昼夜帯《ちゅうやおび》を結んでいる。また、箱枕《はこまくら》と蒔絵《まきえ》が描かれた煙草盆《たばこぼん》、小さくて見えづらいが簪《かんざし》にも、木瓜紋《もっこうもん》が描かれている。

どこかの裕福な商家の隠居所《いんきょじょ》であろうか。ただ、隠居の身にしてはどこか華やかさと、色っぽさが残されている。

上目《うわめ》で見ているのは、空を飛んでいる鶯で、自分も自由に羽ばたきたい、などと思っているところか。女として生きる道を、まだ諦《あきら》めていないのかもしれない。

江戸名所百人美女
花川戸
豊国画

江戸名所百人美女　花川戸《はなかわど》

三代歌川豊国
安政4年

花川戸《はなかわど》

　こま絵の花川戸は、西は浅草寺の東側、東は隅田川《すみだがわ》に接し、北は浅草寺山《せんそうじやま》の宿《しゅく》に接していて、町の中を奥州街道《おうしゅうかいどう》が縦貫《じゅうかん》している。寛文11年（1671）版、の『寛文図《かんぶんず》』には「ハナ川戸丁」と記されているので、古くからあった町屋であろう。町名の由来は、川端に桜並木があったところから、という説もあるがはっきりしない。

　ところで、花川戸といえば「助六《すけろく》」が有名であるが、歌舞伎では花川戸に住んでいたことになっている。また、「幡随院長兵衛《ばんずいいんちょうべえ》」の住居もあることになっている。男気《おとこぎ》のある人物にふさわしい土地だったのだろうか。

　こま絵に描かれているのは墨田川近くの料理屋といったところであろう。

身支度《みじたく》

鏡掛《かがみかけ》の前で、潰《つぶ》し島田《しまだ》に笄《こうがい》を挿《さ》そうとしているのは、芸者であろうか。二《に》の腕《うで》に腕守《うでまも》りが見えている。

　鏡掛の横には、刷毛《はけ》や瀬戸物の容器が入った化粧箱《けしょうばこ》。その上には簪《かんざし》が入った箱が置かれている。着物は格子縞《こうしじま》で肩当《かたあて》があり、袖は広袖《ひろそで》になっている。普段に着る部屋着《へやぎ》であろう。帯は赤の松皮菱《まつかわびし》と黄八丈《きはちじょう》のような格子模様《こうしもよう》が裏表になっている。

　化粧したあと、髪飾りをつけて、仕事用の着物に着替えると出来上がりである。

江戸名所
百人美女
深川八幡
豊国画

江戸名所百人美女

深川八幡《ふかがわはちまん》

三代歌川豊国
安政4年

深川八幡《ふかがわはちまん》

こま絵の深川八幡は、富岡八幡宮《とみがおかはちまんぐう》のこと。鳥居《とりい》のところをよく見ると額束《がくつか》のところに「富ケ岡八幡宮」と書かれている。『江戸名所図会《えどめいしょずえ》』に「深川永代島《ふかがわえいたいじま》にあり。別当《べっとう》は真言宗《しんごんしゅう》にして、大栄山金剛神院永代寺《だいえいざんこんごうしんいんえいたいじ》と号す」とある。今の江東区富岡町である。

富岡八幡宮の創立は、永代寺の始祖長盛法印《ながもりほういん》で、創立当時は、粗末なかやぶきの社《やしろ》であったが、宝永4年（1707）、権現造《ごんげんづく》りの社殿が落成した。しかし、その後、度々《たびたび》の災害で焼失し、現在は鉄筋の社殿になっている。なお、この門前町から深川遊里《ふかがわゆうり》や料亭が発達し、辰巳風俗《たつみふうぞく》が発生したのである。

辰巳芸者《たつみげいしゃ》

象牙の撥《ばち》を口にくわえ、三味線箱《しゃみせんばこ》から三味線を出しているのは、辰巳芸者であろうか。潰《つぶ》し島田《しまだ》に鼈甲《べっこう》のような長い笄《こうがい》と、簪《かんざし》を左右4本挿《さ》している。これから座敷に向かうところかもしれない。

縦縞《たてじま》に立浪《たつなみ》を描いた着物、五《いつ》つ紋《もん》も波紋《なみもん》になっている。中着《なかぎ》は青海波《せいがいは》に千鳥《ちどり》模様。繻袢《じゅばん》の襟《えり》は松皮菱《まつかわびし》の中に菊の花が描かれている。帯は茶地に花模様でも描かれているのか、渋めの色目になっている。

三味線箱に脹《ふく》ら雀《すずめ》が描かれている。自分の三味線箱の目印《めじるし》にしたのだろう。座敷に向かうときは自分で抱きかかえて移動した。三味線は芸者の商売道具である。芸一《げいひと》つで身を立てている姿が粋《いき》に写ったのかもしれない。溪斎英泉《けいさいえいせん》も好んで、その姿を描いている。

江戸名所
百人美女
堀の内
祖師堂
豊国画

江戸名所百人美女　堀《ほり》の内《うち》祖師堂《そしどう》

三代歌川豊国
安政4年

堀《ほり》の内《うち》祖師堂《そしどう》

こま絵の堀の内祖師堂は、厄除《やくよ》けのお祖師《そし》さまで知られる妙法寺《みょうほうじ》のこと。堀の内（現在の杉並区堀の内二丁目）へ行くというと、妙法寺へ参詣《さんけい》することを意味した。

妙法寺は元和年間（1615～1624）日円《にちえん》の開基による。境内には祖師堂があり、堂内に日蓮上人《にちれんしょうにん》の像が安置されている。厄除けの由来は、弘長元年（1261）5月12日、日蓮上人が伊豆の伊東に流罪になったとき、弟子の日朗上人が別れを惜しみ、霊木《れいぼく》を拾《ひろ》い師の像を刻んだ。3年後、日蓮が赦免《しゃめん》になったとき、自ら像の開眼をし、授けられたものが祖師像で、日蓮上人赦免の時が、42歳の厄年《やくどし》であったため、世に厄除祖師《やくよけそし》と呼ばれたという。

お百度参り

青い眉《まゆ》に丸髷《まるまげ》、お歯黒《はぐろ》もしている。どこかの若いお内儀《ないぎ》といったところだろう。江戸時代の既婚女性は子供ができると眉を剃《そ》った。まだ、剃りたてなので青眉《あおまゆ》になっているのである。着物は算木崩《さんぎくず》し模様。帯は唐松《からまつ》を亀甲形《きっこうがた》にしたものか。中着《なかぎ》は松皮菱《まつかわびし》の中に花が描かれている。襦袢《じゅばん》は赤地に桜の絞《しぼ》りであろう。裾周《すそまわ》りが華やかになっている。

肩には珊瑚《さんご》のような数珠《じゅず》をかけ、手に持っているのはお百度用《ひゃくどよう》の藁《わら》しべ（稲の穂の芯）かもしれない。

後ろに見えるのは、「粟《あわ》の水あめ」で、名物として売っていたのだろう。水あめは米や粟などのでん粉質を、麦もやしなどに含まれる糖化酵素《とうかこうそ》で糖化《とうか》してつくる古代からの甘味料《かんみりょう》である。

江戸名所 百人美女
三囲
豊国画

江戸名所百人美女　三囲《みめぐり》

三代歌川豊国
安政４年

三囲《みめぐり》

こま絵の三囲は、今の三囲神社（墨田区向島一丁目）のこと。文和年間（１３５２～１３５６）の頃、近江《おうみ》三井寺《みいでら》の僧源慶《げんけい》が東国に下ったとき、隅田川牛島に荒れ果てた社《やしろ》があった。その床下から出てきた壷から白狐《びゃっこ》が現れ、壷の中にあった神像（宇迦之御魂命《うがのみたまのみこと》）のまわりを三度めぐって、どこかに消え去った。このことから、この社を「三囲」と呼ぶようになったという。

その後、元禄６年（１６９３）、俳人の宝井其角《たからいきかく》が「牛島三めぐりの神前にて、雨乞する者にかはりて、夕立や田を見めぐりの神ならば、翌日雨ふる」と、一句よんだところ、翌日雨が降ったといわれ、この社の名前が広まったという。豪商《ごうしょう》の三井一族もその霊験《れいげん》に感じ、守護神として崇《あが》め、社地の拡張、社殿の改築を行ったという。

芝居の場面のよう

桜や菊、牡丹《ぼたん》に菖蒲《あやめ》といった四季の花々を配した振袖《ふりそで》に、宝尽《たからづく》し模様の帯を締めた娘はどこか富裕な家のものだろうか。派手な両天簪《りょうてんかんざし》を挿《さ》している。刀《かたな》を一本（武士は二本）挿して、傘に隠《かく》れているのは町方《まちかた》の男であろう。三囲の雨乞《あまご》い、というところから傘を持った男を描いたのか、こま絵との繋《つな》がりが見えてこない。

娘の髪型は島田髷《しまだまげ》で、手絡《てがら》や赤い前髪括《まえがみくく》りが若い娘を象徴している。なにか、芝居の一場面のようにも見えるが、お染久松《そめひさまつ》ではないか、と書かれた本もあった。どのような関係であったのか、思い巡《めぐ》らすのも面白い。

江戸名所
百人美女
柳はし

江戸名所百人美女　柳《やなぎ》はし

三代歌川豊国
安政５年

柳橋《やなぎばし》

こま絵の柳橋は、神田川の下流、隅田川へ流れる少し手前に架《か》かった橋であるが、同時にこの一帯の総称でもある。新吉原通《しんよしわらがよ》いや深川への渡航《とこう》に使われた猪牙舟《ちょきぶね》（江戸で作られた、細くて屋根のない、先の尖《とが》った舟。釣りや、吉原通いの遊び船に用いられた）の多くは、この柳橋の船宿から出たものである。必然的に、柳橋は遊行《ゆうこう》（あそび歩くこと）の拠点《きょてん》となり、舟遊びや宴席《えんせき》に呼ばれる芸者も都下《とか》（都のうち）の一流であった。

また、柳橋には、もともと多くの貸席兼料理茶屋《かしせきけんりょうりぢゃや》があったが、文化頃（１８０４～１８１８）から大いに流行し、万八《まんぱち》、川長《かわちょう》、梅川《うめかわ》、柏屋《かしわや》、河内屋《かわちや》、中村屋《なかむらや》、亀清《かめせい》などが有名だった。中でも万八楼が書物などにも書かれたという。川柳に「万八の二階月雪花火《にかいつきゆきはなび》よし」という句がある。柳橋の角にあったらしく、月見、雪見、花火の眺めもよかったのだろう。賑《にぎ》やかな様子が窺《うかが》える。

柳橋芸者《やなぎばしげいしゃ》

桜模様と、菱《ひし》の中に唐花《からはな》を描いた着物を脱ぎ、中着《なかぎ》になって襟足《えりあし》を見ているのは、柳橋芸者であろうか。島田髷《しまだまげ》で、前髪は短く切られて左右にはねている。赤い麻《あさ》の葉模様《はもよう》に袖口《そでぐち》が分銅繋《ぶんどうつな》ぎになっている中着から、胸が肌蹴《はだけ》ている。多分白粉《おしろい》を塗ったところで、念入りに確かめているかもしれない。鏡台《きょうだい》に牡丹刷毛《ぼたんばけ》や紅猪口《べにちょこ》が見えている。また、鏡台の箱の中には白粉包《おしろいづつ》みのようなものも見えている。これから着替えて座敷に出向くのだろう。自分を美しく見せるための大事な時間である。

江戸名所
百人美女
豊國画

江戸名所百人美女　よし原

三代歌川豊国
安政5年

吉原《よしわら》

　こま絵の吉原は、浅草日本堤《にほんづつみ》へ移って以後の新吉原《しんよしわら》を指《さ》す場合が多いが、日本橋葺屋町《ふきやちょう》にあった元吉原《もとよしわら》と新吉原とに分けられる。

　幕府から与えられた遊女町建設地の元吉原は、葭茅《よしかや》の生い茂ったところだったので、始めは葭原と名づけ、その後、吉の方が縁起がいい字だというので吉原と改称したという。元吉原は、公許の遊里《ゆうり》であるということから、一般町屋《いっぱんまちや》と区別するため、周囲に堀をめぐらして一区画をなしていた。

　こま絵は、新吉原で、満開の桜の後ろに妓楼《ぎろう》の屋根が見えている。（吉原の桜に関しては、新吉原満花を参照）小さく描かれている旗《はた》には「門」と書かれている。大門《おおもん》のしるしであろう。暗闇《くらやみ》の中に吉原の夜桜《よざくら》が浮き上がったところである。

禿《かむろ》と遊女

　派手な髪飾りのついた稚児髷《ちごまげ》に、大きな蔓木瓜模様《つるもっこうもよう》の中着《なかぎ》を着ているのは禿（上級の遊女に仕える10歳前後の見習いの少女）である。その禿に、長い髪を梳《す》かせているのは吉原の遊女であろう。ちぎれた文《ふみ》を読んでいる。

　赤い絞《しぼ》りの中着《なかぎ》には、襟《えり》、袖《そで》、裾《すそ》部分に源氏香図《げんじこうず》が描かれた別布《べつぎれ》が額縁仕立《がくぶちじたて》になっている。多分、部屋着《へやぎ》はこのような感じなのであろう。口元にお歯黒《はぐろ》が見えている。とりあえず禿が髪を梳いて、その後、女髪結《おんなかみゆい》などが、島田髷《しまだまげ》や横兵庫《よこひょうご》などに結い上げるのである。

　禿の無邪気《むじゃき》な顔とあどけない仕種《しぐさ》が、吉原が苦界《くがい》であるということを忘れさせる。

ポーラ文化研究所コレクション

浮世絵にみる江戸美人のよそおい

二〇一七年一月二七日　初版発行
ポーラ文化研究所　編

定　価　（本体三三〇〇円＋税）

著　者　村田孝子
発行者　小西尚子
発行所　株式会社ポーラ・オルビスホールディングス
ポーラ文化研究所
〒一四一－〇〇三一　東京都品川区西五反田二－二－一〇　ポーラ第二五反田ビル一階
電話〇三－三四九四－七二五〇　FAX〇三－三四九四－七二九四
http://www.po-holdings.co.jp/csr/culture/bunken/
E-mail infobunken@po-holdings.co.jp
デザイン　株式会社オーバル
印　刷　株式会社デジタル・オンデマンド出版センター

ISBN 978-4-938547-99-8　C0039　¥3300E